30
ANOS

CB000589

MINHAS DUAS MENINAS

A marca FSC® é a garantia de que a madeira utilizada na fabricação do papel deste livro provém de florestas que foram gerenciadas de maneira ambientalmente correta, socialmente justa e economicamente viável, além de outras fontes de origem controlada.

TETÉ RIBEIRO

Minhas duas meninas

Grafia atualizada segundo o Acordo Ortográfico da Língua Portuguesa de 1990, que entrou em vigor no Brasil em 2009.

Capa
Nik Neves

Créditos das imagens
pp. 1 a 5: Acervo pessoal da autora
pp. 6 a 8: © Priyanka Charria

Preparação
Cacilda Guerra

Revisão
Márcia Moura
Angela das Neves

Dados Internacionais de Catalogação na Publicação (CIP)
(Câmara Brasileira do Livro, SP, Brasil)

Ribeiro, Teté
Minhas duas meninas / Teté Ribeiro. — 1ª ed. — São Paulo : Companhia das Letras, 2016.

ISBN 978-85-359-2746-7

1. Gravidez 2. Mães — Narrativas pessoais 3. Mães de aluguel 4. Relatos de experiências 5. Ribeiro, Teté I. Título.

16-04207 CDD-920.72

Índice para catálogo sistemático:
1. Mães : Barriga de aluguel : Relatos de experiências 920.72

[2016]

EDITORA SCHWARCZ S.A.
Rua Bandeira Paulista, 702, cj. 32
04532-002 — São Paulo — SP
Telefone: (11) 3707-3500
Fax: (11) 3707-3501
www.companhiadasletras.com.br
www.blogdacompanhia.com.br
facebook.com/companhiadasletras
instagram.com/companhiadasletras
twitter.com/ciadasletras

Para Sérgio, Rita e Cecilia

Sumário

1. Crianças um pouquinho nascidas

Na lousa verde pendurada na parede, daquelas que se usavam nas escolas, escrito com giz branco, reconheço meu nome entre os dos internos da ala neonatal do hospital Zydus. Escrito duas vezes: "*Daughter of Tete Ribeiro* A" e "*Daughter of Tete Ribeiro* B". Estou coberta da cabeça aos pés com roupa de enfermeira, luvas, máscara cirúrgica e um chinelo, só com os olhos de fora. Uma enfermeira de verdade me aponta para a frente e à esquerda. São poucos passos, talvez três ou quatro, mas meus pés estão grudados no chão, meus braços pesam ao lado do corpo e a roupa rosa-pálido que precisei vestir por cima da minha me impede o movimento. Minha respiração faz um barulho alto por baixo da máscara, quase tão marcado quanto as batidas do coração. Faço esforço para puxar o ar pela boca e soltar pelas narinas, até perceber que o oposto é muito mais natural. Para dentro pelo nariz, para fora pela boca.

Antes de passar pela última porta que separa aquele setor do resto do hospital, há um estacionamento desordenado de sapatos, todos baixos e abertos. Apesar de ser outono, faz quase trinta graus lá fora. Tiro o tênis e, imaginando estar preparada para as diferenças culturais, ameaço entrar descalça. Uma segunda enfermeira percebe a besteira e corre em minha direção, me dá o chinelo que ela mesma estava usando e fica do lado de fora. Sinto o calor do pé dela no meu pé, em contraste com a temperatura mais amena do setor.

"Você já tem filhos?", me pergunta uma terceira moça. "Não." Respondo e vejo a lousa, com meu nome lá. Duas vezes. Não é nem o meu nome de batismo, Ana Teresa, e sim o apelido que me acompanha a vida inteira, pelo que me reconheço. Sou Ana Teresa na conta do banco, nas fichas médicas, nos resultados de exames. De alguma maneira deixei meu nome de lado, para coisas sérias apenas, como se o apelido garantisse uma informalidade que tem mais a ver comigo.

Mas é ele que me faz dar o primeiro passo dos três ou quatro que ainda faltam para o encontro com A e B, os outros nomes na lousa. Lembro da minha mãe brava, me segurando pela parte de trás do braço e usando a força dela para me empurrar um pouco para a frente, me botando assim na direção que ela queria que eu andasse, sem me distrair com mais alguma coisa no caminho. Na minha cabeça repito meu nome com a entonação de voz e a divisão de sílabas que ela usava para deixar claro que eu tinha que fazer o que ela dizia, naquele momento, sem nenhuma manobra. "A-na-Te-re-sa-é-pa-ra-lá-que-vo-cê-vai."

Minha mãe morreu em 2010, mesmo ano em que voltei a morar em São Paulo, depois de quase uma década indo e vindo dos Estados Unidos. Foi também sete anos depois de ela receber o primeiro diagnóstico de câncer no rim. Cinco depois de eu ter começado a tentar engravidar, três antes dessa viagem à Índia. Perder minha mãe tinha sido o acontecimento mais importante da minha vida até aquele momento, nunca me recuperei completamente. Todos os eventos de antes e depois passaram a ser contabilizados assim, em relação ao ano em que ela morreu.

Nós não éramos mãe e filha do tipo melhores amigas — tínhamos sido inclusive grandes inimigas durante toda a minha adolescência hard-core e muito distantes durante os anos de faculdade. Eu não fazia quase nada do que ela queria, mas precisava saber o que ela pensava, até para saber qual era o contrário disso. Mais recentemente, no entanto, tínhamos encontrado uma maneira confortável e profunda de nos relacionar. Ela me visitou regularmente nos Estados Unidos, nos três lugares onde morei com meu marido, Nova York, Palo Alto, na Califórnia, e Washington.

Num dos seus últimos réveillons, vim para São Paulo e me hospedei no apartamento dela e do meu pai, que estava viajando. Dormia na cama deles, e ela no meu antigo quarto. Passávamos o dia revendo os filmes preferidos dela, e depois tomávamos um lanche na cozinha, ela contava com quem tinha visto o filme pela primeira vez, como era o cinema de São José do Rio Pardo, no interior de São Paulo, onde ela, suas quatro irmãs e meus avós moravam antes de se mudarem para a capital, nos anos 1960. Eu adorava as histórias da minha mãe, passei a infância ouvindo cada uma delas, em longos almoços na cozinha. Na casa dos meus pais as conversas nunca eram comezinhas — nada de fofoca de vizinho, assunto de novela, discussões bestas. Eram histórias — dela, das irmãs, da família do meu pai, da minha avó. Bem contadas, com humor, ritmo, vocabulário. Havia umas palavras que só ela usava no dia a dia. Quando sentia raiva de alguém, xingava de preboste, estroina ou patusca. Assim, não deixava a conversa vulgar, mas falava tudo que queria. E mesmo sem saber o que aqueles termos antiquados significavam, eu entendia o que ela queria dizer. Depois da morte da minha mãe, fiquei com a sensação de que toda a humanidade tinha se tornado um pouco mais vulgar, como se a ausência dela diminuísse algum índice universal de interesse das pessoas todas. Agora, andando em direção ao encontro com minhas filhas, eu me perguntava se ia saber ser mãe sem ter mãe. Não tinha nem a mais remota ideia de por onde começar.

"Venha me encontrar", dizia a mensagem de celular na manhã daquele 18 de novembro. Estava em Anand desde a madrugada do dia anterior, que passei quase todo dormindo na tentativa frustrada de me adaptar na marra ao fuso horário e me deixar pronta para uma nova vida, essa que tinha começado enquanto eu voava sobre o oceano Atlântico, a África e a península Arábica. A véspera do feriado de 15 de novembro de 2013, quando saí de São Paulo, foi um daqueles dias de recorde de trânsito. Era o que dizia o rádio do carro, que ouvia a caminho do aeroporto, no final da tarde.

Ia cheia de bagagem: uma mala com roupa, remédio, xampu, protetor solar, tudo para durar entre um e dois meses; outra mala de roupinhas de bebês recém-nascidos cujo sexo eu ainda não sabia, mamadeiras, chupetas, roupa de cama, toalhas, toucas, dezenas de paninhos de tamanhos variados e finalmente um trambolho imenso, um carrinho duplo, dobrável, com dois cestinhos que serviriam de berços, em uma mala gigante em que caberiam fácil dois adultos em pé. Precisava chegar cedo para o check-in para tentar um bom lugar no voo.

Os veículos ao meu redor cismavam em não se mexer. "É o último feriado prolongado até o Natal", insistia o locutor, como se torcesse para ter o privilégio de narrar o maior engarrafamento da história. A aflição de ficar parada, vendo o sol se pôr sobre uma das rodovias que levam os paulistas para longe da cidade, fazia com que eu sentisse uma mistura de raiva e impotência.

Era o oposto do que experimentava no corredor do hospital, em Anand. Ali, na minha imobilidade rosa, não tinha como entender nem explicar o que me impedia de acelerar o passo e correr ao encontro das bebês. Era uma solidão absoluta, ao mesmo tempo testemunhada por pessoas que eu via pela primeira vez. Por que eu estava sem nenhum conhecido ao meu lado naquele momento? Quem ia me dizer que é assim mesmo, que a surpresa parece mais com um choque que com qualquer manifestação de felicidade?

Nunca tinha esperado nada por tanto tempo. Muito menos tinha tido a certeza de que com um simples movimento de braço e perna, repetido poucas vezes, meu futuro estaria revelado. A enfermeira que me acompanhava falou alguma coisa em uma língua que não entendi para outra mulher, que vinha da sala mais à frente, à esquerda. A voz da minha mãe sumiu e foi a minha que ouvi, perguntando: "Algum problema?". "Ela só queria saber quem é você", disse a moça. "E respondi que você é a mãe das duas meninas."

Minha chegada à Índia, umas trinta horas atrás, se deu em Ahmedabad, ex-capital e maior cidade do estado de Gujarat. O voo vindo de Dubai aterrissou às quatro e meia da madrugada. O saguão vazio do aeroporto me surpreende: estava preparada para encontrar muita gente, em todos os lugares. Lá fora, na escuridão, dá para ver um amontoado de tecidos encostados na enorme parede de vidro. Só consigo espiar o horizonte acima do monte de panos de mais ou menos um metro de altura, e não vejo ninguém. Espero pela bagagem e penso que sair de lá pode ser minha primeira grande aventura no país, já que não anotei o telefone do sr. Uday, o motorista, guia e tradutor que combinou comigo de me buscar. Mas me garantiram que ele vai me encontrar.

Assim que as portas automáticas se abrem, os panos começam a se mexer. São pessoas, centenas, que estavam agachadas ou dormindo no chão, bem juntinhas, imagino que para espantar o frio — faz dezoito graus na rua, temperatura muito baixa para o país. Agora, acordadas, elas colam a cara no vidro tentando reconhecer quem vieram encontrar. Será que um deles é o sr. Uday, procurando adivinhar quem eu sou? No país todo, o acesso ao aeroporto só é permitido a quem tem cartão de embarque; familiares e amigos dos passageiros ficam do lado de fora. De repente, um senhor alto de gorro preto acena em minha direção, lá de trás, longe da multidão, segurando um celular. "Ribeiro, Ribeiro?", ele grita. "Eu vim buscar você."

É o sr. Uday, intuindo que eu seja eu. Empurra o carrinho com minha montanha de bagagem entre risadas e suspiros. "Jesus, Jesus", ele diz, e imagino que invoque o filho de Deus para reclamar internamente do tanto de coisas que trago comigo. Essa é uma de minhas características com a qual me debato com frequência, o tamanho das minhas malas de viagem. Levo o mínimo necessário, e é sempre mais do que preciso.

Para essa estada, no entanto, uma das poucas certezas que tinha era que não saberia o que levar, e pedi ajuda profissional. Consultei Ismar de Fátima, uma babá/enfermeira especializada em gêmeos RN — sigla para recém-nascidos, aprendi muito depois —, que me disse o que não podia faltar na bagagem. Foi tão assertiva que percebi que era ela que precisava ir comigo. Sem mãe, sem irmãos mais novos, sem sobrinhos nem priminhas próximas, aqueles seriam os primeiros recém-nascidos que eu carregaria no colo. Já tinha visitado amigas que tiveram filhos, que me deixavam segurar o bebê. Eu sempre sentada, elas vinham com aquele pacotinho, que depositavam nos meus braços imóveis por uns cinco a dez minutos. E só. Nenhuma mamadeira, nenhuma fralda, nenhum banho, nenhum choro, nada. Era essa minha experiência.

No estacionamento do aeroporto de Ahmedabad, que se espalha por um espaço do tamanho de um campo de futebol profissional, o sr. Uday joga minhas malas enormes no bagageiro de seu carro pequeno, estacionado bem longe, e depois dá vários chutes com a sola do pé para acomodar tudo.

"*No problem, no problem*", ele repete. Aos poucos, descubro o significado amplo desses termos que ele usa. "*No problem*" é um dos mais flexíveis. Pode tanto querer dizer simplesmente "sem problemas", sua resposta mais frequente, como pode ser complemento ou uma pausa de uma frase no passado, por exemplo: "Eu gostava de comprar meus legumes ao sair do trabalho, *no problem*, mas o horário da feira mudou". Ou no futuro, para dizer que você precisa fazer algo, assim: "Escolha o nome de suas filhas, *no problem*, para depois registrá-las". Nesse caso, ele queria dizer que decidir pelos nomes não deveria se transformar num problema porque o resto do processo seria trabalhoso.

O sr. Uday tem 56 anos e fala cinco dialetos locais, além de híndi e inglês. Foi colega de escola do dr. Hitesh Patel, marido da dra. Nayana, um ortopedista que acabou virando diretor financeiro da clínica quando o negócio de barriga de aluguel deslanchou. Por conta da amizade de uma vida inteira com o dr. Hitesh, o sr. Uday se tornou o braço direito da dra. Nayana, transportando visitantes e pacientes do aeroporto para a cidade, da clínica para o hotel e vice-versa.

Ele também arranja quartos de hotel, acompanha as mulheres que querem comprar tecidos e ajuda os visitantes a se desembaraçar da enorme burocracia que envolve ter filhos fora do país e repatriá-los. Tem um sotaque carregado e sua voz fica mais aguda e alta quando está nervoso. No caminho do aeroporto até o hotel, demoro a entender que ele está revoltado com a alta do preço da cebola (*onion*, em inglês), não com o sindicato dos caminhoneiros (*union*). Ele fala sem parar e tem o estranho costume de rir muito quando dá uma notícia ruim. Por exemplo, sabe que pretendo ficar um mês inteiro no mesmo lugar, e diz:

"Nem desfaça esse monte de malas, o seu quarto vai estar ocupado na sexta-feira da semana que vem, hahaha".

Meu destino é a cidade de Anand, cerca de noventa quilômetros ao sul de Ahmedabad. Sento na frente, no banco do passageiro, prendo o cinto. Ele não, a luz do painel do carro fica piscando o alerta. "*No problem, no problem*", diz. Durante o percurso, assoa o nariz e enxuga o rosto o tempo todo com uma toalha, que mantém pendurada no ombro esquerdo. A mesma que usa para limpar o celular, que me empresta para avisar que cheguei. Ele conta que ligar de um celular indiano para qualquer lugar do mundo é muito barato, por causa da grande quantidade de pessoas e aparelhos no país. "Nem tire o seu aparelho brasileiro da bolsa", me sugere.

Na Índia, ex-colônia britânica, o volante dos veículos fica do lado direito. No começo do trajeto, de quase duas horas, credito a isso à sensação de que estamos no meio da estrada. Mas não, o sr. Uday ignora a demarcação das faixas e precisa desviar de carros e caminhões que vêm na direção oposta. "Jesus, Jesus", ele diz cada vez que um veículo qualquer dá luz alta para avisar que eles vão bater de frente caso ele não vá mais para a direita. Sem muita intimidade com ele nem a garantia de que é só uma sensação de estranhamento, fico com vergonha de avisar o óbvio, "Vem um carro aí", e só repito o nome dele, com os olhos arregalados apontando para a frente: "Mr. Uday, Mr. Uday!". E ele, "*no problem, no problem*".

Em termos indianos, Anand é uma cidade pequena, de vocação rural, mas tem 200 mil habitantes, número igual ou maior de cachorros vira-latas que andam em bandos, além de vacas, burrinhos do tamanho de bezerros recém-nascidos e pombos, muitos pombos. Como em toda a Índia, o trânsito é orientado pelas buzinas, e quase não existe sinalização. Coladas nos ônibus, nos triciclos motorizados chamados de *tuc-tucs* e nos riquixás, as mesmas placas: *Please blow horn* (Por favor, aperte a buzina). Melhor que passar por cima. A região de Anand é uma importante bacia leiteira e tem várias universidades. Nos últimos anos, no entanto, tornou-se mais conhecida por causa das clínicas de fertilização humana, como essa da dra. Nayana Patel, que me trouxe até aqui. Era dela a mensagem no meu celular.

Na manhã seguinte, acordei com o toque do telefone do quarto, às 11h30. O sr. Uday estava lá embaixo à minha espera, disse a recepcionista. Pedi que o pusessem na linha, estava irritada, tinha marcado de ele me levar às 15h30 até o barrigão de quase oito meses da Vanita, a moça indiana que hospedava meus dois bebês desde o começo de abril. "Ribeiro, você precisa vir comigo", ele me diz. "Por quê? Aconteceu alguma coisa?", pergunto.

Até então, eu só sabia que estava finalmente no mesmo continente, país e cidade que os meus bebês, quase prontos para nascer. Já era o fim da gestação, oitavo mês, ou semana 34, uma ou duas antes das previsões para gêmeos. Adiantei a ida para acompanhar os momentos finais, mesmo que isso me custasse ter que voltar para o trabalho um pouco antes de terminar minha licença-maternidade. Sem ter vivido a gravidez, queria ter alguma experiência da barriga, mesmo que não fosse a minha. E não perder nem um minuto do parto, do nascimento, queria ver as carinhas deles antes de todo mundo, ser o primeiro colo, dar a primeira mamadeira. Meu plano era ocupar meu território como mãe desde o início.

"Suas crianças estão um pouquinho nascidas", ele me disse no telefone. A frase em inglês foi: "*Your children are a little bit born*". Sem nem responder, larguei o telefone e decidi que faria a troca de roupa mais rápida da história, a calça com uma mão, a camiseta com a outra. Quis fazer o mesmo com o tênis, uma mão para cada pé, mas não deu certo, me atrapalhei tentando calçar os dois pés ao mesmo tempo e de pernas cruzadas, um deles escapou da mão, levantei para pegar e tropecei. Levei um tombo para a frente e bati a testa na sola do tênis. Sem nem sequer me levantar do chão, enfiei no pé sem meia mesmo e desci as escadas, voando, desorientada.

Não deu tempo de avisar ninguém. Anand fica oito horas e meia à frente de São Paulo, onde era meio da madrugada. Sérgio — meu marido e pai das "crianças um pouquinho nascidas" — estaria dormindo. Tomamos o rumo da clínica da dra. Nayana. Vou martelando as mesmas perguntas. "O que aconteceu? Eles estão bem? São meninos, meninas, um de cada?" Minha voz treme, as mãos estão geladas, sinto um buraco no estômago. Ele repete a resposta como um mantra: "Está quase chegando, está quase chegando".

Os obstetras indianos são legalmente impedidos de revelar o sexo dos bebês durante a gravidez. Mesmo que esteja evidente no ultrassom, são obrigados a dizer que não sabem. Os exames mensais que eu recebia por e-mail traziam no final sempre a mesma observação: "Eu, dr. Fulano, garanto que não vi nem revelei o sexo do(s) bebê(s)". Os exames trazem pequenos borrões onde devem estar os órgãos genitais. Quem quebrar a regra perde a licença médica. Nas classes média e média baixa indianas, tanto na área rural como na urbana, é comum o aborto provocado de bebês meninas, daí a criação da lei nacional. As famílias mais ricas adornam e exibem suas filhas quase como troféus: é uma maneira de mostrar que elas não dependerão de um bom casamento para levar uma vida confortável.

Na clínica, me encaminham a uma salinha no fundo, fora do prédio principal, onde uma indiana muito simpática me dá os parabéns. "Nasceram?", pergunto. Ela sorri e sai da sala, pedindo que eu espere um minuto. Entra uma segunda moça, que me oferece água. Recuso e pergunto de novo: "Nasceram?". Ela repete a cena — dá um sorriso e sai da sala. Quando entra a terceira, ponho o braço na porta, impedindo que ela escape. Com ar ameaçador, insisto: "NASCERAM?". Pega de surpresa, ela balança a cabeça fazendo que sim. "São duas meninas muito saudáveis."

Duas meninas. Muito saudáveis. Que acabaram de nascer. E são minhas filhas. E eu, mãe delas, estou numa sala no andar térreo de uma clínica de fertilização recebendo essa notícia sem nem um vidro através do qual possa vê-las. Minha voz quase não sai direito, muito menos meus pensamentos. Só sei que ali, parada, não posso ficar. "Vamos até elas, então", indico, andando sem saber a direção. A moça me pede mais um minuto, a dra. Nayana Patel quer me ver.

A dra. Nayana tem uns cinquenta anos, é uma mulher bonita e elegante, de olhos enormes e um jeito meio maternal, meio de executiva. Ela chega apressada, saiu de uma consulta e está a caminho de outra, usa um sári preto, vermelho e dourado, o traje típico das mulheres indianas, *piercing* no nariz e um *bindi*, aquele pontinho brilhante entre as duas sobrancelhas — o adereço tem vários significados, entre eles o culto ao intelecto. Ela também usa um enfeite mais acima na testa, na altura da risca do cabelo, que quer dizer que é casada e comprometida com o bem-estar do marido. E me convida para sentar ao lado dela enquanto me conta, sem grande drama, que não, na verdade as bebês não acabaram de nascer. Vanita deu à luz, via cesariana, em 15 de novembro, quando entrou em trabalho de parto de repente. Ou seja, três dias atrás, enquanto eu provavelmente esperava, no aeroporto de Dubai, o voo para Ahmedabad.

Meu celular estava ligado, funcionando, exceto nas horas dentro do avião. Assim como meu e-mail. Os do Sérgio também, em São Paulo, e ele não tinha ido a lugar nenhum. Além disso, eu já estava em Anand desde ontem, e sem nenhuma ideia, nenhuma pista, de que o que fora esperar acontecer não havia, afinal, me esperado chegar. Mais curiosa e inquieta que qualquer outra coisa, levanto da cadeira e indico que não quero mais ficar ali, que quero conhecer as minhas filhas. "Elas não estão aqui", me diz a dra. Patel, revelando outra surpresa. "O sr. Uday vai levá-la ao hospital onde as duas estão internadas. Elas nasceram aqui e passam bem, mas, como você ainda não tinha chegado, foram transferidas para lá."

"*Congratulations, Ribeiro, you are a mother*", diz o sr. Uday, de volta ao carro. "Eu já era mãe na madrugada de ontem, quando você optou por conversar comigo sobre a alta do preço da cebola", penso em dizer. Mas não respondo nada. Afinal, certamente ele já sabia quando me pegou no aeroporto, tantas horas atrás. A razão pela qual as notícias são dadas em pílulas nessa história me incomoda imensamente, mas agora tenho um lugar para estar e pessoas para conhecer. E uma notícia para dar, por inteiro. E nomes para escolher. Não lembrei de perguntar onde estaria Vanita, que deu à luz há três dias. Ela continua na clínica, mesmo lugar onde eu estava, mas dois andares acima, se recuperando da cirurgia.

O hospital fica do outro lado da cidade, na avenida mais movimentada. É a continuação de uma das estradas que desembocam em Anand e tem trânsito intenso de caminhões, carros, *tuc-tucs* e motos estilo vespa que carregam de um a cinco passageiros. As crianças maiorezinhas costumam ir em pé, na frente da cabine, ao lado do motorista. As menores e de colo vão atrás, entre dois adultos, no banco. Usar capacete não é prática local.

Inaugurado poucos anos atrás, o Zydus é um hospital novo, mantido pelo enclave cristão que habita a região de Anand, num país de maioria hindu. O vão central é aberto e tem uma lanchonete no fundo. O sr. Uday me conta que o prédio foi construído para ser um shopping center, mas os donos faliram no meio da empreitada e outro grupo comprou e transformou em hospital. Pelo menos é isso que consigo entender de tudo que ele diz no caminho, enquanto permaneço em silêncio. Só penso que sou mãe de duas meninas, como minha mãe foi, e que não tenho como perguntar nada a ela.

Na ala neonatal, para me tirar da imobilidade que me prende ao chão a menos de dois metros da incubadora onde estão minhas menininhas, eu sei o que ela diria. Então dou finalmente os três ou quatro passos que faltam e atravesso a última porta de vidro. Lá estão elas, "*daughter of Tete Ribeiro* A" e "*daughter of Tete Ribeiro* B", cada uma em um berço de acrílico, enroladas em um pano azul. Uma é branquinha e careca, a outra, mais morena e cheia de cabelo preto e liso.

Hipnotizada, fico olhando para os dois microbebês, do tamanho do meu antebraço, que fazem minha mão parecer a de um gigante em comparação. Pego uma no colo, que não acorda nem abre o olho. Depois pego a outra, que parece me encarar. Quase não dá para sentir o peso delas, de tão leves que são. Nasceram com dois quilos cada uma, mas perderam um pouco de peso e estão com 1,8 quilo. Pego as duas no colo ao mesmo tempo e peço que uma enfermeira tire fotos com meu celular para eu enviar mais tarde como prova. Olho para a câmera, mas não me lembro de sorrir.

2. “Paciência, Ribeiro, paciência”

“Você pode escolher um quarto para se internar”, me diz a pediatra da UTI neonatal, dra. Biraj. Sei que meu susto foi óbvio, mas não era para tanto. Saí do hotel para acariciar uma barriga de oito meses, e dei de cara com dois bebês sem roupa, enrolados em um pano azul. “Você disse que não tem outros filhos, é isso?”, insiste a doutora. Sim, elas são as primeiras. “Lamento muito, mas não posso deixar que uma pessoa sem nenhuma experiência tire do hospital duas recém-nascidas, prematuras e com pouco peso. Elas são minha responsabilidade. Você vai ter que ficar internada por uns dias, até provar que pode tomar conta delas.” Faz sentido.

O sr. Uday me acompanha em um tour pelo hospital, junto com o menino que me mostra as opções de acomodação. São quartos enormes, em que a cama hospitalar, no meio, parece perdida. Têm também sofá, mesinha de centro e TV. As janelas de vidro vão de fora a fora na parede que dá para a avenida movimentada. “Agora, a suíte presidencial”, ele brinca, em inglês. É um quarto duplo, como esses de hotel, com comunicação. Na parte maior há uma cama de casal e um banheiro bem grande. No anexo, uma maca e um enorme espaço vazio para os procedimentos médicos. Pergunto o preço, e, com a rupia indiana valendo cinco centavos de real, a maior acomodação do Zydus custa menos de cem reais por dia.

Acerto o negócio por cinco dias e cinco noites e sinto calma pela primeira vez desde o telefonema dessa manhã. Vou ter várias enfermeiras, entrando e saindo do quarto, e gente em volta para me dizer o que fazer, quando, em que ordem. Vou estar com minhas duas filhas, me entrosando com elas e com algum respaldo. Eu nunca seria uma dessas mulheres corajosas o suficiente para dar à luz em casa se tivesse conseguido levar uma gravidez adiante, então começar o relacionamento mãe e filhas num hospital parece normal. Finalmente, alguma coisa parece normal.

Essa cena eu até já tinha visto. Uma mãe internada e um recém-nascido numa maternidade. Havia um bebê-bônus no meu caso, e nenhum conhecido em volta. Mas, como tudo na Índia envolve uma grande quantidade de pessoas, seria fácil imaginar que elas estavam de alguma maneira representando os amigos e familiares que me visitariam nessa situação.

Amigos e família. Meu Deus, eu ainda não tinha avisado ninguém. Já eram quase duas da tarde em Anand, o dia estava amanhecendo em São Paulo, eu precisava ligar para o Sérgio urgentemente. Combinei com o sr. Uday que ele me levaria voando de volta ao hotel para fazer uma mala pequena com algumas roupas para mim e para elas, além de mamadeiras, chupetas e aquele monte de paninhos de tamanhos diversos, e voltaríamos o mais rápido possível. Ou assim imaginei.

Passei de volta na ala neonatal, dessa vez sem hesitação nenhuma. Foi tudo mecânico, rápido, como se tivesse sido ensaiado. Toquei a campainha do setor e me anunciei: “Tete Ribeiro, mãe das gêmeas A e B”. Uma das enfermeiras me trouxe uma muda de roupa, que vesti por cima da minha com muita destreza. Já conhecia a movimentação de entrada: deixei o sapato ao lado dos outros, calcei um chinelo, cobri a boca e o nariz com uma máscara, passei álcool nas mãos e fui dar a primeira satisfação às duas, que dormiam profundamente. "Vou até o hotel pegar roupa para nós três e já volto. Enquanto isso a dra. Biraj e as enfermeiras vão tomar conta de vocês", eu disse, alto mesmo, em português, precisávamos começar a nos comunicar, já que íamos dormir juntas.

Dessa vez, prestei atenção também no bebê no berço de acrílico ao lado das minhas duas, o que fez com que elas parecessem maiores. Esse cabia na palma da minha mão, a cabeça era menor que uma bola de tênis e tinha uma sonda que entrava pelo nariz. Era um menino, nascera de cinco meses e estava lutando para viver. Tinha um choro sofrido, como se existir fora do útero doesse muito. Segundo a dra. Biraj, ele era, como as minhas filhas, um *precious baby*. Estranhei a expressão e perguntei o que significava. Ela explicou que são chamados de *precious* os bebês cuja concepção exigiu esforço dos pais.

Os pais desse bebê, além de terem passado por tratamento para engravidar, haviam perdido outro filho no ano anterior, que também nascera muito antes da hora. A situação dele era difícil, tinha menos de um quilo. Ficava na incubadora para se manter aquecido, era alimentado por sonda, mas o maior problema era a respiração. Os pulmões não estavam completamente formados e ele era muito frágil para tomar qualquer remédio. "Você tem muita sorte, suas filhas poderiam ter ido para casa assim que nasceram", me disse a dra. Biraj. Isso se a casa não ficasse do outro lado do mundo, e se houvesse lá alguém em quem ela confiasse.

E era para casa que eu precisava ligar. Usei mais uma vez o celular do sr. Uday, tinha esquecido o meu no hotel. Ele o emprestou com boa vontade, reafirmando que uma das poucas vantagens da superpopulação no país é o baixo custo da telefonia. Eu sabia que não precisaria dizer quase nada. Estava ligando antes das sete da manhã, da Índia, de um número desconhecido. A probabilidade de ter outro assunto, naquela altura, tendia a zero.

"Alô?"

"São duas meninas."

"O QUÊ???"

"Já tinham nascido quando eu cheguei, só me avisaram hoje de manhã."

"COMO ASSIM???"

"Dia 15."

"E AGORA???"

"Vem pra cá."

Avisei que estávamos todas bem, mas seríamos internadas por alguns dias. Contei do quarto gigante, em que todo mundo caberia. Passei de novo por toda a história desde a chegada à clínica, onde elas não estavam. Ele quis saber cada detalhe, fez mil perguntas, pediu fotos. A voz conhecida, a língua idem emprestavam às palavras um peso extra: contando para o Sérgio, consegui de fato entender que aquilo tudo era mesmo comigo, conosco, e seria assim para sempre. Chorei primeiro. Depois choramos os dois.

O sr. Uday estava com mais pressa do que eu. No carro, ele me disse que precisava parar em um lugar antes de me levar ao hotel, mas que me esperaria lá até eu arrumar as coisas para me trazer de volta ao hospital. Eu também precisava parar em uma farmácia ou supermercado para comprar fraldas, a pedido da dra. Biraj, e uma banheirinha, apetrecho que não havia nem no hospital nem no hotel. O banheiro do hospital só tinha um chuveiro, e dar banho na pia me parecia aventureiro demais, algo além das minhas capacidades.

Paramos primeiro em uma espécie de mercearia bem pouco charmosa que vendia enlatados, roupas, produtos de limpeza e alguns legumes e verduras. Não havia ali nada do que eu precisava, nem nada do que o sr. Uday queria. Ele reclamava de alguma coisa, imaginei que era a saga da cebola que continuava, e não dei muita bola. Só me lembro de entender que ele sugeriu que fôssemos a outro lugar, e eu disse que tudo bem, não tinha mesmo visto fraldas nessa venda.

A próxima parada foi uma feira de verduras, legumes e temperos. Os produtos eram acomodados no chão, em sacos imensos de estopa. Os vendedores abordavam os clientes, encorajando-os a apertar os vegetais para mostrar como eram frescos. E o sr. Uday comparava preços, textura, maciez e aparência do que interessava a ele. Sem pressa. Explicou que gostava de comprar vegetais no dia em que iam ser preparados e que nessa noite tinha combinado de cozinhar para a família, então precisava escolher bem o que levar.

Eu só andava atrás dele, repetindo meu próprio mantra. "Podemos ir?", "Podemos ir?", "Podemos ir?". "Você precisa escolher o que come, Ribeiro", ele dizia. "O preço é importante, mas a qualidade é ainda mais." "Podemos ir?" Era minha única reação. Mas ele também tinha um mantra e, mais importante, tinha a chave do carro e a noção de onde era o quê. Então repetia: "Paciência, Ribeiro, paciência".

Quando eu era pequena, leitora e fã da revista *Recreio*, passei minha primeira noite em claro por causa de uma ideia que não consegui tirar da cabeça. Não me lembro do fato em si, mas minha mãe nunca me deixou esquecer do episódio do nariz do porco. Virou uma expressão dela, quando queria dizer que eu não estava sabendo a hora de desistir. A revista trazia algumas imagens de bichos, todas divididas em partes, que as crianças recortavam e montavam, como um quebra-cabeça. Mas como o papel de revista era muito leve, e os pedaços eram pequenos, eles saíam voando pela casa com qualquer ventinho, qualquer porta que batesse.

Naquela tarde, recortei da revista a figura de um porquinho. Na hora de montar, o nariz desapareceu. Procurei embaixo das almofadas do sofá, da mesinha de centro, do tapete da sala, dos pés das cadeiras. Não estava em lugar nenhum. Chorei, chorei, mas minha mãe me distraiu, me deu banho e me pôs na cama, prometendo que na manhã seguinte continuaríamos a busca. Assim que ela saiu do quarto, levantei, voltei para a sala e passei a revirar tudo. Eu não ia dormir sem achar o nariz do porco. Mas não consegui e, cansada e frustrada, abri o berreiro. A casa inteira acordou, e minha mãe propôs um acordo: se eu parasse de chorar, ela procuraria comigo, assim meu pai e minha irmã poderiam dormir. Aceitei. O nariz do porco nunca foi encontrado, não deixei minha mãe em paz até o sol nascer e nós duas cairmos de cansaço, na sala mesmo.

Durante o resto da minha infância e por toda a adolescência e parte da juventude em que morei com ela, tive que lidar com a lenda do nariz do porco. Fiquei semilivre da perseguição de minha mãe com minhas ideias fixas quando saí de casa, aos 22 anos. Mas aí contei a história como anedota para alguns amigos e para o Sérgio, e eles também a usam até hoje quando querem ilustrar minha pouca aptidão para lidar com algumas cismas. Também reconheço a "nariz-de-porquice" em mim e, apesar de nem sempre usá-la com grande sabedoria, lembrei dela enquanto fazia compras para o jantar do sr. Uday. As menininhas estavam recebendo os melhores cuidados disponíveis, e eu não tinha alternativa. Resolvi até ajudar.

Perguntava o nome dos vegetais, andava na frente apontando para os vendedores com os legumes que me pareciam mais frescos, pegava-os na mão, comparava os cheiros. Foram algumas batatas, outra raiz que não conhecia nem perguntei o nome, tomates, algo parecido com quiabo, algo parecido com vagem. Animado com minha mudança de atitude, o sr. Uday me deu a receita do que cozinharia naquela noite. Devo ter convencido bem na atuação, porque ele parecia dar muitos detalhes e dicas da preparação do prato. Não guardei uma palavra sobre como seria aquele jantar. Só me concentrava no ritmo da fala, para não perder nenhuma pausa e deixar de fazer um "hmm" ou "sei, sei" no final de cada frase.

Ele também mudou um pouco de atitude comigo e resolveu se dedicar às minhas compras. Fomos a uma loja de dois andares de produtos para bebês, no que me pareceu ser o centro de compras de Anand. Lá havia uma única banheirinha e dois pacotes de fraldas descartáveis tamanho RN. Comprei as três coisas e saímos rumo ao hotel.

Separei algumas roupas, um pijama com o qual poderia ser vista (e que era idêntico ao uniforme das enfermeiras, só não tinha o nome e o logo do hospital no bolso da camisa, na altura do peito), nécessaire, a mala delas. E abri uma primeira conta no Instagram, a rede social de fotos, que me pareceu uma boa maneira de dar a notícia para os amigos de uma vez só. Combinamos que o Sérgio falaria com nossos pais, irmãos e com o Dênis, o amigo mais próximo que tenho na vida, desde que éramos os dois adolescentes. Mas era eu quem tinha as notícias quentinhas. A primeira imagem que postei foi uma selfie, na frente do espelho, só para testar. Passei a seguir alguns amigos, avisei a outros qual era meu nome na rede e postei a segunda imagem, do jornal do dia, o *Times of India*, o terceiro maior diário indiano, com 15 milhões de exemplares de tiragem, publicado em inglês (na língua inglesa, é o jornal com maior tiragem do mundo). Por coincidência, a manchete daquele dia era: "*I dedicate Bharat Ratna to all mothers in India*" (Dedico o Bharat Ratna a todas as mães na Índia).

A frase era de Sachin Tendulkar, considerado um dos maiores jogadores de críquete de todos os tempos, o ídolo do esporte mais popular entre os indianos. Bharat Ratna é a honraria mais alta concedida pelo governo da Índia a uma personalidade civil. Pois considerei a frase do Pelé indiano um bom auspício para A e B, minhas filhas ainda sem nome.

A terceira foto dava a notícia. Escrevi com batom no espelho do banheiro: "Nasceram! E são duas meninas!". Na pressa e na aflição do momento, lembrei que o espelho reflete tudo ao contrário, então escrevi minha mensagem de trás para a frente. Ao fotografá-la, percebi a burrice: as inscrições não aparecem de trás para a frente nas fotos, mas como o nosso olho vê, não como o espelho mostra. Mas dessa vez o nariz do porco não me pegou. Caí na risada pela primeira vez na viagem, deitei na cama de barriga para cima e me entreguei ao absurdo da situação. Postei a foto mesmo assim, com uma mensagem sincera: "Decifrem". Como se não bastasse a gravidez ter acontecido em outra barriga, em um país bem distante e muito diferente, a notícia do nascimento foi dada de trás para a frente. Que Sachin Tendulkar ajudasse também essa mãe na Índia.

Instalada em minha suíte presidencial hospitalar, recebo a dra. Biraj e mais uma notícia desconcertante. Ela vai trazer só um bebê hoje. É um teste supervisionado: em dois ou três dias, quando tiver confiança de que dei conta de uma, libera a segunda. Dessa vez o procedimento me irrita; como assim, só uma? Elas são uma dupla, foram concebidas e nasceram juntas, não aceito isso. A doutora me diz que posso fazer o teste durar menos do que ela tinha imaginado, mas não vai mudar as regras. Aceito o desafio.

A dra. Biraj Thakker tem trinta anos e aparenta ser bem mais jovem que isso. Tem o rosto redondo, cabelo liso e brilhante e olhos grandes. É muito bonita. Como acontece com muitos médicos indianos, estudou medicina no Ocidente. Formada na Inglaterra, especializada em medicina neonatal, voltou para a Índia, onde se casou, teve um filho e começou a trabalhar no hospital recém-inaugurado da cidade de seu marido. Em pouco tempo, mostrando habilidade para lidar com bebês e as aflições dos pais, foi promovida a pediatra-chefe do hospital Zydus. Cuida da UTI neonatal, mas também da ala de pediatria. Tem também um consultório próprio fora dali, e alterna seu tempo entre um e outro.

Dali a pouco, surge no quarto um berço de acrílico em um suporte de mais ou menos um metro de altura com um embrulho dentro, empurrado por uma enfermeira. É a "*daughter of Teta Ribeiro* B", como está escrito na etiqueta, por engano, com "a" no lugar do último "e". Ela é a mais clara, e nem acordou no caminho. Peço ajuda para vesti-la, tiro da mala vários pijamas, calças e bodies, e a enfermeira a troca, na minha frente, cuidando para que o corpo nunca fique descoberto. A bebê mantém as mãos fechadas e as pernas muito finas encolhidas, o que a faz parecer menor ainda. O dia está quente e, mesmo assim, o aquecedor do quarto está ligado, o que nos deixa sempre a uma temperatura perto de trinta graus.

Ela tem um pregador azul no cordão umbilical, que está roxo-escuro, mas ainda não caiu. A fralda tamanho recém-nascido fica muito grande, tem de ser dobrada duas vezes na cintura para não atritar com o curativo na barriga. As roupas também não servem, todas enormes, folgadas. As bebês ainda não atingiram o tamanho de recém-nascidos. Não deve dar para fazer nem uma coxinha com o tanto de carne que ela tem no corpo, é o que penso na hora, por estranho que possa parecer. Vestimos com três camadas, um gorro e a enrolamos num cobertor. Quer dizer, eu não faço nada, só olho, hipnotizada. Pelada, ela dá aflição pela miudeza, mas vestida é muito bonitinha, tem a boca desenhada e a pele rosada de tão branca. Chamo-a de Cecilia, para ver se cola. Era o nome da minha mãe.

Deito na maca ao lado da janela, com ela no meu colo, toda embrulhada, e pegamos as duas no sono. O trânsito lá fora não dá trégua, parece um buzinaço constante. Essa vai ser a trilha sonora dos próximos dias, de antes das seis da manhã até depois das dez da noite. Acordo sentindo um cheiro esquisito que não consigo identificar. Parece que vem da minha barriga, onde ela dorme. Uma enfermeira entra no quarto e pergunto se também sente. Ela me conta que na Índia os bebês prematuros não tomam banho nos primeiros dias; os médicos defendem que os restos da placenta protegem a pele, muito sensível, e por isso às vezes o cheiro é desagradável. Reparo que a cabeça da Cecilia está toda melecada, com umas placas grudentas embaixo do gorro. Ela não tem cabelo e tudo tem a mesma cor, mas é daí que vem o cheiro.

Como as mamadeiras só chegaram comigo, e também porque as bebês são muito pequenas, elas têm tomado leite em uma colherinha de sobremesa com uma abertura de menos de um centímetro onde seria o braço da colher, que se encaixa na boca e empurra a língua para baixo. Ela quase não tem fome, mas precisa que um pouco de leite lhe seja empurrado goela adentro a cada hora e meia, para recuperar o peso perdido e começar a ganhar para tomar as primeiras vacinas. O líquido é cor-de-rosa, misturado a um complexo de vitaminas. Não me ocorre perguntar de onde ele vem.

Antes de sair do Brasil, consultei um pediatra, que me contou a incrível história dos leites em pó, hoje em dia chamados de "fórmula". As marcas mais conhecidas, de corporações gigantescas como Nestlé, Danone e Mead Johnson, vendidas em qualquer farmácia ou supermercado, são as mesmas no mundo inteiro. E todo o leite em pó dessas empresas é produzido em alguns lugares dos Estados Unidos, da Espanha, do México e da Holanda. Portanto, o Nan da Índia é idêntico ao Nan da França, o do Brasil, o mesmo que o de Bangladesh.

De madrugada, alcanço um frasco de óleo Johnson's na mala delas, calculo um momento em que a mamada acaba de acontecer, o que me dá, portanto, mais ou menos uma hora de privacidade, e com uma escova tiro os restos de placenta da cabeça da menina. O couro cabeludo fica limpo e todo brilhoso, e mais um mito cai por terra: o cheiro de bebê, de que ouvi falar tantas vezes de tantas mães saudosas, é, na verdade, cheiro de produto de bebê.

Na tarde seguinte chega o Sérgio, que conseguiu um voo no mesmo dia em que soube do nascimento, largou as malas no hotel e veio direto para o hospital, sem trocar de roupa, depois de trinta horas seguidas de viagem e sem dormir. Achei que não era recomendável misturar o ar dos aeroportos de São Paulo, Dubai e Ahmedabad, e da travessia de carro com o sr. Uday, ao primeiro contato com as nenês. Pedi um uniforme de enfermeiro emprestado, e ele anda de um lado para o outro de pijama azul com o logotipo do Zydus no bolso esquerdo da camisa.

Quando as enfermeiras entram no quarto e perguntam: "É ele o pai?", confirmo que sim, ele é o pai. Quando me perguntam se sou a mãe, também respondo que sim e torço para que não reparem na minha insegurança. As primeiras fotos que ele faz deixam isso explícito: estou sentada na cama, olhando para a Cecilia toda enrolada, sem fazer nada com ela. Demoro umas boas horas até tomar coragem de tirar e pôr sua roupa. Mais outras tantas até trocar sozinha a primeira fralda.

O Sérgio logo se revela o fotógrafo oficial da nossa jornada, é dele a maioria das fotos das nossas filhas. Eu faço uma ou outra, só quando uma imagem me parece muito imperdível, o celular está à mão, não há nenhum bebê no colo e não tenho nada urgente para fazer (como xixi, por exemplo). A combinação é raríssima, e é assim até hoje.

Sou aprovada no primeiro teste da maternidade, e no fim do segundo dia liberam também a morena para ficar no quarto conosco. Mais magra que a Cecilia, tem os olhos alertas, como quem já quer saber das novidades do mundo. As enfermeiras, assim como a pediatra, as acham idênticas, diferenciam uma da outra pela marca de nascença que a mais morena tem na testa. Sem gorro, consigo saber quem é quem fácil. A branca é careca e a mais morena tem muito cabelo. A boca e o formato dos olhos também são um pouco diferentes, a mais morena tem uns olhos redondos de mangá, a Cecilia quase não abre os dela. Mas de gorro é difícil distingui-las.

Ainda não nos decidimos pelo segundo nome, estamos entre Nina e Rita. Elas quase não se mexem, dormem enroladas num cobertor, cada uma no seu, dividindo o mesmo berço de acrílico. Estamos todos juntos, pela primeira vez. Parece que vai dar para encarar a vida que começa.

Minha inadequação inicial é consumida pelo cansaço, e em mais dois dias passo de bicho acuado a predador enfurecido. As imagens seguintes revelam a transformação. Durmo sentada, de roupa e sapato, com as meninas grudadas em mim. Dias e noites, afinal, não fazem muito sentido quando o intervalo entre as mamadas é tão curto (e quando o café da manhã tem cara de jantar, como é o caso do cardápio do hospital).

Nossa primeira visita é da dupla Sandip e Aarav, marido e filho de cinco anos da Vanita, a moça que carregou minhas meninas na barriga. Eles trazem um pote de leite embrulhado num saco plástico, mandado por ela. Alguns meses atrás, perguntei por e-mail para a dra. Nayana se eu poderia ter acesso ao leite materno e ela disse que sim, bastava combinar com a moça. Mas o nascimento delas me pegou tão de surpresa que não pensei mais no assunto. E elas estavam num hospital e Vanita em outro, nem me ocorreu que o combinado ainda estivesse valendo.

Num inglês muito básico, Sandip me faz entender que não é a primeira vez que traz a encomenda para as meninas. Não é nem a primeira vez nesse dia. Vanita tem muito leite e, desde que elas nasceram, tira o que produz diariamente, entre duas e três vezes, e manda pelo marido ao hospital. Ele me diz que esperou até que eu me assentasse para vir conhecer as duas. Tira fotos. Vanita ainda não as viu, deu à luz sedada, via cesariana, e ficou na clínica da dra. Nayana por mais alguns dias depois do parto. As bebês vieram para o hospital sem passar por ela.

Esse é o procedimento normal de quem dá à luz um bebê-hóspede, segundo as regras da clínica da dra. Nayana. Se eu tivesse conseguido chegar antes do parto, poderia ter controlado melhor o meu contato inicial, assim como a separação da Vanita e das bebês. Mas nada do que aconteceu é exceção. Muitos pais planejam a viagem para perto do dia do nascimento e acabam perdendo o parto. Minhas filhas não são as primeiras nem serão as últimas a passar alguns dias na ala neonatal do hospital, mesmo que, do ponto de vista médico, estejam prontas para ir para casa. Ou para o quarto do hotel, já que os clientes da clínica são na imensa maioria de fora da cidade, e muitos de fora do país.

Algumas mães que recorrem a esse tratamento não querem nenhum contato pós-nascimento com a dona do "útero de substituição" — termo em mediquês para barriga de aluguel —, e a clínica espera que cada uma declare seu desejo. Não lembro de ninguém ter me dito isso antes e só me manifesto bem depois da visita do marido dela, atordoada pelas novidades. Levo mais uns cinco dias para perguntar quando posso encontrar a Vanita, e quando ela pode vir visitar as bebês. Ele me faz entender que esperava que eu tomasse a iniciativa. Depois me arrependo por meses pela demora. É a primeira culpa que sinto na condição de mãe.

Rita. Acho que essa cabeluda que não para de me encarar é uma Rita. Ela é agitada, me parece, tem uma personalidade rock 'n' roll. E ainda me lembra uma amiga, a jornalista portuguesa Rita Siza, que tem o mesmo cabelo liso e preto. Nina não combina com ela. Vamos ter que resolver o problema com a gata branca lá de casa, que também se chama Rita. Gosto do nome faz tempo, a gata já tem treze anos. E vamos ter que nos referir a elas sempre como Rita e Cecilia, e nunca o contrário, para evitar a cacofonia. Na primeira noite conosco, também limpo o cabelo dela com óleo Johnson's e uma escovinha. Estava mais melecada que a outra, porque tem mais cabelo e passou dois dias a mais na ala neonatal.

Toda manhã, uma enfermeira passa no quarto e pega as duas meninas para serem pesadas e tomarem um banho de toalha umedecida — não dessas de farmácia, mas mais parecida com as oferecidas em restaurantes japoneses. Não encaramos a banheira ainda, muito menos a pia. Eu, na verdade, não encarei nem uma fralda sozinha. O cordão ainda preso pelo pregador e a cada dia mais preto me dá uma aflição louca, dá a impressão de que vai doer. Mas o principal é que sei que a mordomia de estar cercada de gente está acabando, elas ganham alguns gramas a cada pesagem, e a promessa da pediatra é nos liberar quando atingirem dois quilos. A Cecilia já chegou aos dois, para a Rita faltam menos de vinte gramas.

Elas agora mamam de duas em duas horas, e começaram a usar a mamadeira. Como são miúdas, abrem a boca como um Pac-Man quando ponho o bico para dentro, fico com medo de rasgar o canto do lábio. A enfermeira me diz que é assim mesmo, tenho de enfiar toda a ponta na boca das meninas, para não terem que fazer muita força para sugar. Dá a impressão de que é como um adulto engolindo uma laranja inteira com casca e tudo. Mas elas não choram e mamam os trinta mililitros de leite a cada duas horas quase sem deixar resto.

Na quinta manhã no Zydus, uma notícia boa e outra ruim. Podemos ir embora, essa é a boa. Mas não antes de dar as primeiras vacinas. A pediatra do hospital nos pergunta se queremos seguir a agenda indiana ou a americana, as duas únicas que ela tem. Ponderando que o Brasil seria mais parecido com a Índia, escolhemos a deles. A diferença é a vacina antipólio, que os americanos não tomam mais. Elas serão imunizadas no mesmo dia contra pólio, tuberculose (BCG) e hepatite B. A primeira é uma gota pingada na boca, as outras duas são injetadas, uma em cada coxa.

A ala da pediatria é um lugar bem menos hospitalar que a ala neonatal. Estamos entre pais e filhos que andam, falam, choram de medo quando veem a médica, sabendo que vem picada por aí. As paredes são decoradas com pinturas a óleo que lembram aqueles pôsteres de filmes antigos pintados à mão por artistas locais, como os que estampavam os cinemas da avenida Paulista nos anos 1980 e 1990 e às vezes nos faziam olhar por horas para o rosto de uma mulher, sem saber se era a Meg Ryan ou a Sonia Braga. Dá para reconhecer o Mickey e a Margarida, mas eles estão junto com um unicórnio bebê e o que me parece ser um Gremlin colorido.

A médica me pede para conter os braços da Rita enquanto aplica a primeira vacina, com uma agulha enorme e grossa em relação à perna de três centímetros de diâmetro, se tanto. A bichinha berra me olhando no olho, chocada com a dor e a traição. Choro junto enquanto ela leva a segunda picada e então peço socorro — saio correndo com ela, deixando a segunda para trás, com o pai. Pelo menos uma delas não terá essa lembrança de mim. Ou, na verdade, pelo menos eu não terei essa lembrança.

Nesse dia mesmo decidimos: nada de picadas sem necessidade. Se quiserem brinco, *piercing*, tatuagem, elas que façam sozinhas, depois de crescidas.

Fico sem saber qual foi a pior experiência: ajudar a prender a menina e depois ficar com ela no colo, ou não participar de nada mas ouvir, de longe, o choro. Que dura segundos, mas é o primeiro de dor, pelo menos entre os muitos que tenho testemunhado.

Nosso quarto já está arrumado quando passamos para pegar as malas, a caminho do hotel. Depois da vacina, as duas mamam, e decidimos esperar um pouco até elas se acalmarem e caírem no sono. O sr. Uday nos espera lá embaixo, aflito como sempre. Temos mais uma vez uma lista de compras, sem essas coisas em mãos não nos darão alta: esterilizador de mamadeira, algumas latas de leite em pó e desinfetante para misturar na água da lavagem da roupa delas. Fora do ambiente hospitalar, a água da Índia é bem mais ameaçadora que o ar poluído de São Paulo.

Decido passar na ala neonatal uma última vez para me despedir e agradecer. Foram cinco dias intensos, me sinto íntima das moças todas. Também quero ver como está o bebê prematuro que chora doído e se alimenta por sonda. Mas o clima não parece dos melhores lá dentro. Uma enfermeira me recebe na porta e pergunta se preciso entrar por algum motivo. Digo que é só para me despedir, ela responde que passará a mensagem às outras, deseja boa sorte para mim e para minhas duas filhas. Com voz baixa, conta que estão esperando os pais do bebê chegarem. Ele não resistiu, acabou de morrer.

3. Sempre sem pressa

Décadas antes do nascimento da princesa Charlotte Elizabeth Diana, a segunda filha do príncipe William e de Kate Middleton, em maio de 2015, nascia na Inglaterra um bebê que anunciava a chegada de um novo tempo.

Era 1978, e a menina batizada com nome singelo, Louise Joy Brown, foi o primeiro bebê de proveta do mundo. O responsável pela façanha foi o biólogo e fisiologista inglês Robert Geoffrey Edwards (1925-2013), pioneiro no uso da técnica de fertilização in vitro em seres humanos. Ele teve um parceiro na empreitada, o ginecologista e obstetra inglês Patrick Steptoe (1913-88). Este último levou Lesley Brown, a mãe de Louise, grávida, escondida em seu carro para passar um tempo na casa da mãe dele em Lincoln, uma cidadezinha no interior da Inglaterra, e assim tentar fugir do assédio da imprensa.

O nascimento do nenê de laboratório foi notícia no mundo inteiro. Em termos de cobertura jornalística, a chegada da "*lovely Louise, the test tube baby*", um bebê perfeito, nascido duas semanas antes do previsto, por cesariana, no hospital de Oldham, recebeu um tratamento à altura das grandes conquistas humanas. Era um acontecimento menos impressionante que a chegada do homem à Lua, mas sua utilidade era óbvia, ao contrário da conquista do espaço. Provocou questionamentos a respeito dos limites éticos da ciência, e desde então tanto os tratamentos de fertilidade quanto os argumentos contra e a favor ficaram mais sofisticados, e, alguns, mais radicais.

Em animais, os testes começaram a ser feitos nos anos 1930, quando surgiram os primeiros estudos. Mas o primeiro casal humano a ter um bebê foi Lesley e John Brown, de Bristol, cidade no sudoeste da Inglaterra, a 190 quilômetros de Londres. Satisfeitos com a experiência, os Brown tiveram mais uma filha com o mesmo método. Natalie Brown nasceu em 1980.

Lesley e John estavam tentando ter filhos havia nove anos quando ouviram falar das pesquisas do dr. Robert Edwards. Marcaram um encontro, fizeram uma primeira consulta, perguntaram sobre probabilidades, riscos e, cheios de esperança, aceitaram ser cobaias do tratamento. Outros casais tentaram isso antes, mas Lesley foi a primeira mulher a conseguir levar a gravidez adiante e ter sua filha. As mulheres que receberam os embriões preparados em laboratório antes dela tiveram abortos espontâneos durante o primeiro trimestre da gestação.

O dr. Edwards trabalhava nessa pesquisa desde a década de 1950, mas só teve sucesso quando juntou seus conhecimentos provenientes dos testes com animais aos do dr. Patrick Steptoe. Este último trouxe para as pesquisas seus estudos com a laparoscopia, um método cirúrgico minimamente invasivo, em que um instrumento feito de fibra óptica é introduzido no organismo e permite que os médicos vejam o que está acontecendo na cavidade abdominal. Assim, era possível chegar ao ovário das mulheres que queriam ter um filho sem cortar o abdômen, já que a fertilização in vitro exige no mínimo duas “entradas” no corpo da mulher — uma para tirar os óvulos, outra para colocar os embriões.

A primeira bebê de proveta brasileira, Anna Paula Caldeira, nasceu seis anos depois de Louise, em São José dos Pinhais, cidade no Paraná a vinte quilômetros de Curitiba. Ela é a sexta filha de Ilza Caldeira, e a primeira do seu segundo casamento, com o urologista José Antonio Caldeira. Na época de seu nascimento, em 1984, o médico responsável pelo tratamento, Milton Nakamura (1934-98), de São Paulo, contou que Ilza era a 23ª paciente em quem ele tentava o método. Assim como Edwards e Steptoe, o dr. Nakamura também sofreu críticas e pressões durante sua vida profissional, e em 1981 chegou a ser afastado da Pontifícia Universidade Católica (PUC) de Campinas, onde era professor, porque os diretores não concordavam com os rumos de suas pesquisas.

Em 2010, Louise Brown já tinha 32 anos e comemorou o Nobel de medicina que o dr. Robert Edwards ganhou naquele ano. Seu parceiro, Patrick Steptoe, que morrera aos 74 anos, em 1988, não foi agraciado — o comitê do Nobel não dá prêmios póstumos. Só muito atrasados. Os dois pesquisadores trabalhavam juntos desde 1969, quando criaram o Centro de Reprodução Humana, no Hospital Geral de Oldham. Foram muito criticados durante quase dez anos até que o nascimento de Louise mudasse a direção dos ventos. As críticas continuaram, mas médicos e pacientes do mundo inteiro estavam atentos e interessados. Os dois fundaram um centro de pesquisas para atender casos de infertilidade e treinar outros médicos, o Bourn Hall Clinic, onde Patrick trabalhou até sua morte.

Desde os anos 1980, calcula-se que 4 milhões de pessoas, que hoje têm entre zero e 35 anos, nasceram graças à FIV, sigla para fertilização in vitro (ou numa proveta, como se dizia dos primeiros bebês frutos de embriões produzidos em laboratório). Rita e Cecilia estão entre elas.

* * *

A história das minhas filhas é quase o oposto da minha história pessoal, mas com pontos em comum. Nasci nos anos 1970, a minha foi a terceira gravidez de minha mãe (o primeiro filho nasceu morto), sou a segunda filha dos meus pais. A diferença de idade entre minha irmã e eu é de quase quatro anos. Não é muito para a maioria das famílias, mas, no nosso caso, entre a Ana, minha irmã, e eu, há uma guerra. Literalmente.

Nosso pai, o repórter José Hamilton Ribeiro, trabalhava na editora Abril nos anos 1960. Conheceu a minha mãe, de quem é primo distante (mas não sabia disso) nos elevadores da empresa. Ela era da revista *Claudia*, ele, da *Quatro Rodas*. Namoraram menos de um ano até se casarem. Minha mãe era uma mulher bonita e charmosa, que provocava grandes paixões platônicas. Uma delas teve consequências dramáticas. Um dos chefões da Abril, jornalista conhecido na época, de quem não vou dizer o nome (e que morreu em 2003), era um dos seus fãs. E, quando soube que ela estava noiva, ficou enfurecido e a demitiu.

Meu pai, por vingança, abandonou o emprego. Não apareceu na redação por dias seguidos e dizia para quem quisesse ouvir que estava fora para sempre. Os colegas, imaginando que os dois não conseguiriam se manter sem trabalhar, fizeram uma verdadeira procissão até a casa do meu pai, para onde minha mãe se mudaria depois de casada. Lá pela oitava visita que chegou para lhe pedir que voltasse e dizer que aquilo era uma loucura, entre repórteres, editores e chefões (o desgraçado apaixonado não foi louco de aparecer), meu pai decidiu voltar. E eles se casaram na data marcada, 21 de setembro de 1963.

Pouco depois, ele foi convidado para fazer parte de um time de jornalistas considerados talentosos e cheios de energia, que formariam a redação de uma revista mensal a ser lançada em 1966.

Era *Realidade*, que revolucionaria o jornalismo revisteiro local, com pautas criativas, reportagens longas e textos bem escritos, nos moldes do *new journalism* norte-americano praticado então por títulos como *Esquire* e *Vanity Fair*. Quando a Guerra do Vietnã estava no auge de letalidade, em 1968, meu pai foi convidado pela direção da revista a cobrir os acontecimentos in loco. Se desse certo, ele seria o primeiro jornalista brasileiro a fazer isso. Ele bolou um plano ousado: ficaria dez dias junto dos soldados norte-americanos e outros dez ao lado dos vietcongues, os guerrilheiros vietnamitas. Deixou em casa a mulher, então com 27 anos, e a filha, de dois. No voo de ida, com várias escalas, chegou a fazer uma passagem pela Índia, da qual se lembra com carinho. Uma vez no Vietnã, ficou os dez dias "embedado" com os militares ianques, chegando a usar uniforme de tenente do Exército, como era praxe naquele conflito.

No dia da partida, o fotógrafo que o acompanhava, o japonês Kei Shimamoto, disse que ainda faltava uma imagem de impacto para a capa da revista e sugeriu que eles ficassem mais um dia e dessem uma última saída com o pelotão que os abrigava. O próximo destino daquela tropa prometia. Na patrulha daquela manhã extra, meu pai pisou numa mina terrestre, que explodiu. Ele perdeu parte da perna esquerda, abaixo do joelho, e teve queimaduras pelo corpo todo.

As notícias chegavam ao Brasil aos poucos, e sem confirmações. A primeira dizia que ele tinha perdido os dois braços e as duas pernas. A segunda, que estava entre a vida e a morte. A terceira, mais precisa, afirmava que teria perdido uma perna, mas não corria risco de morte. Minha mãe deixou a Ana com minhas tias paternas, em Santa Rosa do Viterbo, cidadezinha a cem quilômetros de Ribeirão Preto, no interior de São Paulo, onde meu pai nasceu, e tomou um avião para Chicago, para onde ele foi transferido depois de passar pelo Japão. Ela não sabia o que ia encontrar, só que ele estava vivo e sedado.

A recuperação, demorada, envolveu onze cirurgias e um desmame de morfina, que ele descreve com detalhes. Envolveu também muito treino até ele se adaptar à perna mecânica. Foram nove meses em Chicago. Nove meses longe da única filha. Isso antes da invenção da internet — portanto, de facilidades como Skype, Facetime, Instagram — e com a telefonia caríssima da época. Quando meus pais voltaram dos Estados Unidos, família e amigos foram encontrá-los no aeroporto. Assim que os viu, minha irmã fugiu do colo de um tio e correu até eles, desviando dos seguranças pelo caminho. A cena de cinema me foi contada várias vezes por quem estava lá. Uma criança louca de saudade dos pais, que passaram um tempo comprido demais longe dela, por causa de um acidente de trabalho. Parecia o final feliz de uma saga dramática.

Quando chegou ao Brasil, carregado de brinquedos incríveis para minha irmã, meu pai tinha virado celebridade. Ferido no chão, aparecia na fotografia dramática que *Realidade* estampou em sua capa na edição de maio de 1968. Shimamoto conseguira a foto que buscava. É uma imagem histórica e bonita, mas cheia de dor. Meu pai está deitado de costas, com a mão para cima, todo sujo e com um fio de sangue escorrendo no rosto. Um soldado americano está ao seu lado, com uma mão no peito e outra segurando sua cabeça. A cena é quase toda verde, cor dos uniformes que vestiam e da folhagem do Vietnã no fundo. Só o que destoa é a cor de pele e o vermelho do sangue. Ele parece muito jovem, tem o cabelo bem preto, muito bonito. Anos mais tarde, já dirigia a redação de *Realidade* e convidou o amigo Shimamoto para ser editor de fotografia da revista. Este aceitou sem pensar, levaria a família para São Paulo. Precisava apenas cumprir mais um trabalho fotográfico, agora no Laos. No último dia da missão, o helicóptero em que estava foi atingido por um explosivo. Shimamoto morreu aos 34 anos, sem conhecer o Brasil.

Na volta de Chicago, em 1969, meu pai deu entrevistas para todos os programas de televisão assim que se estabeleceu em São Paulo. A apresentadora Hebe Camargo, que em 1969 já era uma veterana da TV, foi uma das pessoas que o entrevistaram. E, quando soube que minha mãe tinha ficado grávida de novo, mandou de presente um gatinho de crochê branco que, quando se dá corda, toca música e tem um selinho curioso, com a frase "*Made in West Germany*". O bebê era eu. Guardei o mimo para quando tivesse filhos, mas ainda não criei coragem de dá-lo para Rita e Cecilia. A experiência do meu pai rendeu um livro, chamado *O gosto da guerra*, que vendeu bem e ficou esgotado durante toda a minha infância e adolescência. Nós nem tínhamos um exemplar em casa até um amigo achar um num sebo e nos dar de presente. Em 2005, já considerado um dos títulos importantes do jornalismo brasileiro, foi relançado numa coleção de livros de guerra, pela editora Objetiva, com curadoria do jornalista Leão Serva e do Sérgio, ambos, como meu pai, ex-correspondentes de guerra.

Por mais que estivesse em paz com a nova anatomia e entrosado com minha mãe, com quem tinha passado os últimos meses grudado em Chicago, meu pai ainda tinha minha irmã para conquistar. Ela se assustava com a prótese que ele usava e teve que aprender de novo a se relacionar com os dois. Em Santa Rosa, por pena da menina, os irmãos de meu pai deixavam a sobrinha fazer o que bem entendesse. A Ana passou quase um ano correndo pelas ruas da cidadezinha, entrando na casa de pessoas sem bater nem pedir licença, acolhida por uma comunidade inteira.

Uma das histórias que minha mãe sempre me contava era de como desejou boa viagem a um marido jovem, bonito e bem-disposto, e meses depois encontrou outro, de cabelos grisalhos e todo ferido, quando se reuniram em Chicago depois do acidente. E como deixou uma filha de dois anos, uma criança feliz e maluquete, e encontrou outra, de três, agitada e desafiadora. Minha irmã demorou a se readaptar ao apartamento pequeno de São Paulo e deixar a rotina mais mansa, sem regras, que tinha no interior. Em seguida, mais uma mudança. Com o dinheiro do seguro de vida que receberam por causa do acidente, meus pais compraram um apartamento amplo num condomínio de prédios na Aclimação, um bairro com muito verde na época, e onde foi construída a primeira piscina suspensa de São Paulo.

O Kovarick, como é conhecido o lugar onde meu pai mora até hoje, tem um jardim enorme no centro, quadra de esportes, parquinho, uma piscina semiolímpica e outra pequena, de criança. Foi lá que cresci, alguns anos depois.

Sou mais velha que Louise Brown. Mas minha mãe, ao contrário de Lesley Brown, não fez tratamento para engravidar. Depois do acidente do meu pai, os médicos não sabiam se ele teria condições de ter mais filhos, tão grande tinha sido o efeito da bomba que estourou nele no Vietnã. E minha mãe, que agora lidava com uma filhinha e um marido diferentes dos que tinha no ano anterior, não estava lá muito a fim de aumentar a família. Mas ficou grávida, e eu nasci. Assim como fazer tratamentos para engravidar estava fora de cogitação para ela, um aborto seria algo igualmente impensável. Não que ela tenha desejado isso.

Os acontecimentos científicos de ponta que tomavam o mundo nos anos 1960 e 1970 podiam gerar grandes manchetes e ótimas reportagens, mas não mudavam a vida de ninguém imediatamente. Aquelas décadas não foram revolucionárias da mesma maneira no Brasil e na Inglaterra ou nos Estados Unidos. Muito menos o comportamento das famílias. Ainda mais as católicas, como eram os dois lados da minha, e com raízes no interior.

Na adolescência, quando comecei a descobrir a graça das coisas que não me eram permitidas e fazer amigos e amigas que me levaram a quebrar uma ou duas regras de conduta e uma ou outra lei, me afastei dos meus pais. Era assim que acontecia com muita gente ao meu redor. Depois do primeiro baseado, ou do primeiro namorado, os pais viravam inimigos. Eles eram o grande obstáculo da vida. O modelo de filhos que contam tudo para os pais não era comum na minha turma.

Meu grupo de amigos se fundiu ao da minha irmã em um momento da vida. Ou melhor, fui acolhida pela turma dela, que já tinha acesso às duas coisas mais desejadas por uma garota cheia de ideias e nenhuma mesada: carro e chave de casa. Aos catorze anos eu já saía à noite, frequentava os bastidores de peças de teatro, ia a shows de rock, tinha amigos que moravam sozinhos, fumavam maconha, cheiravam cocaína, mas também trabalhavam, ganhavam dinheiro. Minha mãe tinha pavor da minha precocidade, achava que eu estava queimando etapas da vida com muita rapidez. Mas não era bem isso, eu só queria começar logo a viver como o mundo inteiro dizia que era legal viver: sendo jovem, livre. Queria esticar a juventude até o limite, estava farta de qualquer resquício da infância.

Encontrei minha turma entre os que gostavam de sexo e drogas, algum rock 'n' roll, mas também muito teatro, festas, praia, literatura, shows, performances. Cresci acreditando que juventude era viver assim, e que isso era um estilo de vida, não uma fase entre a adolescência e o casamento, como na geração dos meus pais. Não inventei nada disso, sou um produto do meu tempo, da minha personalidade e do lugar onde nasci.

A certa altura, minha avó materna se mudou para o prédio em frente ao nosso, no Kovarick, onde já morava a irmã dela, a vó Alzira, que tinha vindo do Rio. E ela passava os dias na nossa casa, fazendo crochê, palavras cruzadas, quitutes maravilhosos e tomando um uisquinho de vez em quando. A vó Alcina era muito católica, rezava o terço todas as noites, mas não era nenhuma santa. Seu humor era ferino, e sua presença em casa era um contraponto ao que eu e a Ana víamos na rua. Nós a adorávamos, adorávamos ouvir as coisas que ela dizia, os ditados engraçados que lembrava da infância em Minas. Minha avó era uma atração. Dizia que tinha sido muito moderna para a sua época, que nunca quis casar, que foi trabalhar e só se rendeu ao casamento porque o vô Luizinho não a deixava em paz, e, como ele dançava bem e ela era louca por bailes, não resistiu. Minha avó se casou aos dezenove anos, e antes dos 35 tinha ficado grávida sete vezes. Perdeu duas filhas, teve outras cinco.

Minha mãe, que sempre teve orgulho de ser uma filha exemplar, boa aluna, disciplinada, cumpridora das regras e respeitosa com os pais, virou também arrimo de família aos 21 anos. Meu avô morreu cedo, e a filha mais velha já tinha se casado. A segunda filha, minha mãe, foi trabalhar para manter a casa e ajudar as três irmãs mais novas, que ainda estudavam.

Por muitos anos, na minha vida, os dramas costumavam ser ou paralelos ou autoimpostos. Minha mãe perdeu o pai muito cedo, meu pai foi ferido na guerra, minha irmã foi deixada para trás quando minha mãe foi cuidar do meu pai ferido. E eu nasci depois de tudo. No caminho, meus pais viram o que estava acontecendo no mundo, leram os livros, ouviram as músicas, assistiram aos filmes, mas não mudaram o jeito de ser. Ela até tentou fumar (escondido da minha avó), mas abandonou o cigarro quando achou que poderia nos influenciar. Parou também de tomar cerveja nos churrascos e vinho nos jantares. Meu pai, não, fumou até levar um susto de um médico. E tomava uma pinguinha nos fins de semana, um dedinho de nada. Mas eles não eram modelo para mim. Pelo contrário. O que eles faziam, eu não queria. Se vinha deles, não interessava.

Uma vez, quando notou que comecei a dedicar bastante tempo à leitura, meu pai me deu de presente um livro que, julgava, seria fundamental na minha formação. Era *O apanhador no campo de centeio*, o clássico de 1951 do americano J. D. Salinger (1919-2010). Entregou-o desembrulhado, numa sacola plástica, e disse: "Você devia ler esse aqui", sem maiores explicações. Na época ele era repórter do *Globo Rural*, programa de TV no qual trabalha até hoje. Embora adorasse minhas férias em Santa Rosa e na fazenda dos meus tios, eu tinha pavor de ser chamada de caipira por conta da ligação com o interior. Quando olhei o título do livro, concluí que só podia ser coisa de agricultura e deixei de lado. Nem morta que ia ler sobre um campo de centeio.

Alguns meses depois, numa das crises de bronquite que me atormentavam desde criança e me deixavam em casa por dois ou três dias, refém da *Sessão da Tarde*, resolvi dar uma chance ao presente. Abri o livro e virei a noite lendo, espantada. Não era nada careta, como eu julgava que eles eram. Só podia ter sido um engano dele. Eu sabia que meus pais eram inteligentes e muito cultos, mas a certeza mais arraigada era que eles não entendiam nada do que acontecia comigo.

Meu pai lia Cervantes e Guimarães Rosa, minha mãe era fã de Machado de Assis e Lygia Fagundes Telles. Eu gostava dos beatniks e do Caio Fernando Abreu. Adorei *Feliz ano velho*, do Marcelo Rubens Paiva. Primeiro o livro, depois a peça. Meu pai lia Ezra Pound, eu recitava Maiakovski com o vizinho bonitão. Meu pai ouvia música caipira, minha mãe ouvia Elis Regina e o disco ao vivo do Chico e da Bethânia (que eu cantava junto, sem ninguém perceber). Eu só queria saber de David Bowie, Oingo Boingo, The Smiths, The Cure. Minha mãe ouvia Beatles, eu tinha tudo dos Rolling Stones. Uma tarde, me recuperando de uma noite animada demais, ouvi tantas vezes o álbum do Barão Vermelho que tinha a música "Largado no mundo"

("O que você quer com esse papo/ eu não sei/ me paga um trago/ que eu dichavo o meu/ tudo o que eu falo é piração, é bobagem/ porque pra mim/ qualquer viagem é viagem") que minha mãe ficou furiosa e quebrou o disco no joelho. Era do Dênis, e tive que explicar depois, morrendo de vergonha, por que não podia devolvê-lo quando ele pediu. De vingança, sumi com o *Falso brilhante* dela.

Eu era de outro mundo, de outro universo, feita de outro tecido. Eu e meus amigos. Queríamos "expandir a mente", conhecer o mundo, ou pelo menos o que dava para conhecer de ônibus ou carona, nos apaixonar, dançar a noite toda, ter amigos artistas e ataques de riso. O único plano era ser livre, e o maior obstáculo eram eles. Então, enquanto não dava para sair de casa, o que dava para fazer era manter o mínimo de relação possível, e aprender tudo com gente mais louca.

Minha geração, a das meninas que deixaram as mães para fora de suas intimidades, tinha ritos de passagem muito particulares. Alguns, imagino, continuam universais e atemporais. O primeiro porre. A primeira ressaca. A primeira noite em claro. Perder a virgindade. O problema era onde fazer isso. Chegava a vontade, encontrava o menino que estava a fim, e para onde ir? Casas de amigos cujos pais trabalhavam o dia todo serviram de motel improvisado para muita gente no tempo em que trazer o namorado para dormir não fazia parte do cardápio das relações humanas. Na minha casa, tinha a minha avó ali, garantindo biscoito de polvilho quentinho e nenhuma bandalheira.

Depois, a maioria de nós enfrentava um mês em que a menstruação atrasava. Fazíamos grupo de torcida de meninas, nos juntávamos para decidir se era o caso de contar para o namorado ou esperar o teste, e enquanto isso apelávamos para promessas e simpatias. Valia tudo. Calcinha branca chamava a menstruação. Transar também ajudava. Mas nem sempre resolvia.

A primeira gravidez era outro ritual. Nessa hora, a turma se dividia. Algumas tinham o filho, e então desapareciam da nossa vida, perdíamos o interesse por elas. Quando nascia o bebê, íamos sem jeito visitar a amiga naquela situação que parecia melancólica. Uma delas continuou na casa dos pais, que nos receberam com a certeza de que só tínhamos escapado daquele destino por sorte. Outra se casou com o namorado e foi morar no Guarujá. Nunca mais vi. Na minha percepção, aquele era o fim de tudo que importava.

A opção era fazer um aborto. E para isso também havia dois modelos. Um exigia encarar o medo de ir a uma clínica clandestina. Outro era se encher de remédios para úlcera que provocavam dor intensa, mas acabavam com a gravidez fora de hora. Com mais ou menos trauma, mais ou menos apoio do namorado, e quase sempre sem que os pais desconfiassem.

Ter filho nova era uma derrota. Acontecia se a grávida tivesse medo, ou se os pais descobrissem. Fiz dois abortos. Nos dois casos, com a menstruação atrasada, fui até o laboratório sozinha fazer exame de sangue (os testes de farmácia não eram comuns). Uns dias depois, tinha que ir buscar o resultado, então abria o envelopinho da vergonha e descobria se tinha tido sorte ou azar na tabelinha (sim, porque camisinha também não era nada comum, e desconfie se alguém disser o contrário). Entre algumas sortes, dei dois azares. Ter um bebê não era uma opção nenhuma das vezes, eu era jovem, dura e solteira, ainda tinha muito o que fazer com a vida. Precisava falar com uma amiga mais velha que tivesse um bom contato de um médico, reunir o dinheiro e resolver o problema. Simples.

Essa era a teoria. A prática era outra, mas eu tinha uma conhecida mais experiente que me acolheu nas duas vezes. Ela me convidava para ir à casa dela quando eu estava triste e, com medo do que estava por vir, preparava mamão com iogurte e dizia que é normal se pegar distraída calculando o signo do bebê, sonhar com ele ou ela à noite, se sentir mais apaixonada pelo namorado, ter vontade de chorar, dormir e comer o tempo inteiro. Tinha sido assim com ela também, e ela já passara por isso cinco vezes, em duas delas não sabia nem quem era o pai. "É tudo hormônio, não é real", ela me dizia. Essa frase veio me encontrar anos depois, quando tomava injeções na barriga todas as noites tentando engravidar e também tinha vontade de chorar o dia inteiro.

Cursei faculdade de filosofia na Universidade de São Paulo (USP) ao mesmo tempo que fazia escola de circo. Estudiosa ou trapezista, alguma coisa boa ia acabar fazendo da vida. Sem pressa, sempre sem pressa. Eu tinha tempo para tudo, não precisava me prender a uma escolha única. O importante era estar aberta às experiências, e isso eu achava que estava. Vinda de uma casa de jornalistas, com minha irmã desde sempre determinada a seguir a carreira dos meus pais, a única certeza que eu tinha era que ia fazer algo bem diferente de todos eles.

Vim a fazer o mesmo, mas por acaso. Comecei a trabalhar como tradutora em uma produtora de TV que realizava o programa *Globo Ciência*. Aos poucos, fui escrevendo um textinho aqui, uma entrevistinha ali, acabei virando repórter do programa. Mas nunca teria um marido jornalista, como minha mãe. Conheci o Sérgio, amigo de um amigo da faculdade, e fomos com a cara um do outro. Ele era jornalista, o que eu ia fazer? Mas filhos era só para quando eu não tivesse nada mais interessante em vista.

Ter um bebê é uma ideia que passa pela cabeça de quase toda mulher. Com mais ou menos vontade, com mais ou menos repulsa. A hora certa, para as que decidem fazer isso, não é uma ciência. E a vontade de ser mãe não obedece a nenhuma contagem de óvulos. Eu queria morar fora, ter meu dinheiro, bancar minhas aventuras. Não queria ceder à natureza tão facilmente. Pelo menos não antes de virar adulta, essa tragédia da qual sabia que não tinha como escapar. Afinal, como estava provado, eu teria facilidade para engravidar, bastava decidir e parar com o contraceptivo da vez. Assunto encerrado. A questão de ter filhos estava resolvida: sim, teria, mas não tão cedo. Deve ser assim que se sentem as mulheres que congelam seus óvulos hoje em dia. Elas sabem mais do que eu sabia.

Lá pela primeira metade da primeira década deste século, algumas reportagens começaram a me alarmar. Eram as que diziam que a fertilidade tem o seu auge perto dos 25 anos, e depois dos 35 segue em queda livre até chegar ao fim, na menopausa. Mas não devia ser assim para mim, afinal usei três métodos contraceptivos na vida, e dois falharam. Minha fertilidade devia ser imbatível, porque nem a pílula nem o DIU foram capazes de brecar a fúria maternal do meu organismo.

Em 2006, eu estava casada havia seis anos e preparávamos nossa mudança para Washington. Já tinha morado na Austrália na adolescência, e em Nova York e na Califórnia naquela década. Ia mudar de novo de cidade, já tinha escrito três livros, inúmeras reportagens, trabalhado em TV e revista. Já sabia que era mais do frio que do calor, mais de gatos que de cachorros, conhecia um bom pedaço do mundo. Tinha chegado a minha hora. Ia ser tão fácil que dava frio na barriga. Em menos de um ano, estaria tudo diferente. Só não era a diferença que eu tinha antecipado.

4. *Times of India*

Tenho dois problemas crônicos na temporada indiana. Uma dor de estômago que vai e volta sem piedade, e uma alergia na região dos olhos, que ficam vermelhos e coçam, deixando a pele machucada, grossa, ressecada. Nenhum dos dois chega a tirar minha alegria. Adoro tudo: a comida, o sotaque, o quarto do hotel, o fato de estarmos juntos e sem maratona de visitas no começo da vida das nossas filhas. Até ganho um apelido: "Raccoon Eyes" (olhos de guaxinim).

A rotina é pesada, por sorte a babá/ enfermeira que nos ajuda é muito experiente e sugeriu que eu mantenha um caderno de anotações para tudo: quem mamou quanto e quando, se fez cocô, se arrotou, se regurgitou. O diário de bordo é providencial, sem ele estaríamos perdidos, não há memória que não se confunda nesse moto-contínuo de leite, arroto, cocô, xixi, choro, banho, fralda, leite, arroto, cocô, xixi, choro, banho, fralda.

Cecilia passa o tempo quase todo dormindo e só chora quando é acordada para mamar ou quando se assusta com as trocas de roupa. Rita, que chegou mais magra, tem bastante fome.

Ela também demorou para entender o que fazer com a mamadeira, empurrava o bico para fora com a língua, só agora pegou o jeito. Mama de olho arregalado, me encarando. Os livros de bebê dizem que nessa idade, menos de duas semanas de vida, elas quase não enxergam. Não é o que me parece: Rita olha no olho, como se não apenas visse, mas me reconhecesse.

Quando ponho as duas no colo para alimentá-las, elas viram o pescoço de lado e abrem a boca, procurando o peito. Já nasceram com essa instrução. Ajeito a testa delas na direção da mamadeira com a boca, e, aos poucos, elas esquecem o gesto. Mas não no primeiro mês. Nem no segundo.

Colocamos sessenta mililitros de leite em cada mamadeira. Eram trinta mililitros até chegarem aos dois quilos e ainda menos que isso antes de passarem para a mamadeira. Seguimos a ordem do mundo do leite em pó, cujas latas vêm com uma colher medidora, iguais às de pó de café. Para cada colher de pó da fórmula, trinta mililitros de água. Mas a fome e a capacidade do estômago não seguem as regras da Danone ou da Mead Johnson, e dobrar a porção de uma refeição é uma violência. Elas conseguem mamar uns 32, 35 mililitros, se tanto, a cada vez. Depois regurgitam quase tudo, e parece que miram na peça de roupa trocada por último.

Durante o dia o tempo passa rápido, entre notícias para nossas famílias no Brasil, trocas de roupas nossas e delas, pedidos de novos lençóis, toalhas, refeições. Quando tudo conspira a favor, tiramos longos cochilos os quatro na mesma cama, elas entre nós dois, e enquanto um de nós dorme o outro fica pelo menos com um olho aberto. De vez em quando achamos coisa boa na TV e assistimos enquanto elas dormem, de costas para a luz artificial. *As aventuras de Pi* passa todos os dias, parece uma espécie de Hino Nacional cinematográfico indiano, mas o meu programa favorito, de longe, é um talk show chamado *Koffee with Karan*. É em inglês, e o apresentador é Karan Johar, um produtor e diretor de Bollywood, a indústria de cinema de Mumbai, que faz filmes populares em híndi, sempre com alguma ação, algum drama, algum romance, algum riso e muita música.

Koffee with Karan é uma mistura dos talk shows americanos, com um apresentador-comediante carismático e amigável, com a estética bollywoodiana. O dono do programa tem uns quarenta anos, pele mais clara que a média, traços delicados e sobrancelhas desenhadas. Recebe os convidados em um cenário suntuoso, que parece uma sala de estar de uma casa riquíssima, toda decorada em tons de roxo, vermelho e dourado, com uma escadaria comprida ao fundo, e um piano de cauda, que enxergamos quando a câmera o focaliza. Meu quadro preferido é o "*rapid fire*", ou "fogo rápido", em que ele pede que seus entrevistados levantem a mão e jurem pelo que acreditam — uns escolhem Ganesha, um dos deuses do hinduísmo, outros preferem Deus, outros optam ainda pela própria palavra ou apenas por um amigo. Jura feita, uma sequência acelerada de perguntas procura tirar dos convidados as respostas que, se tivessem tempo para pensar, não teriam coragem de dar.

É tudo amigável e inocente, Karan está na TV aberta e também é artista, não quer se indispor com os colegas. Mais divertido ainda é ver as chamadas comerciais do *Koffee*, que pulam na tela durante outros programas. Karan surge no canto superior esquerdo da tela fazendo uma dancinha com uma xícara na mão, do tamanho de uma caixa de fósforos. A imagem aumenta conforme ele mexe o corpo e acaba por tomar a tela inteira, então se congela enquanto ele faz sinal de joinha com a mão livre e surge o logo dourado do programa, com locução de uma voz grave, que diz rápido: "*Koffee with Karan*". Devo ter visto essa cena pelo menos umas sessenta vezes — depois da primeira dezena, ela me reconfortava, me dava uma sensação de familiaridade que me fazia pensar que estava em casa. O programa mesmo não é nada, mas é uma aposta de seus patrões na luta pela audiência. Algumas coisas não mudam em lugar nenhum do mundo.

Na madrugada o tempo parece se alongar, tudo fica mais cansativo, e aí tenho ódio de Karan. Mas nas tardes ele é uma diversão, zapeio em busca da chamada. Já que não dá para ter uma noite ininterrupta de sono — temos que acordá-las a cada duas horas —, melhor ter um hobby. Não podemos pular nenhuma mamadeira sob o risco de não atingirmos o peso de que elas precisam para ganhar o atestado de *fit to fly*, ou "aptas para voar", que a pediatra do hospital, dra. Biraj, diz ser o nosso salvo-conduto. O peso que precisamos atingir é três quilos, ou seja, 50% mais do que elas têm agora. Além disso, também vamos precisar de passaporte para as duas e visto de saída. E não conseguiremos isso em Anand, só em Nova Delhi, a duas horas de avião.

Também não conseguimos nos revezar muito nas refeições noturnas. Se só um de nós acordar para alimentar as duas, entre preparar o leite, trocar as fraldas, limpar os bumbuns, esperar que elas engulam a maior quantidade possível e, o pior de tudo, esperar que arrotem para não engasgar, o intervalo fica curtíssimo. Decidimos que as duas mamam ao mesmo tempo, enquanto um pega uma, o outro pega outra. O cansaço vai se acumulando no nosso rosto e até no volume das vozes, começamos a ficar desleixados, com olheiras, e falamos pouco e cada vez mais baixo. A música instrumental, bem baixinha, que toca nos corredores durante o dia parece aumentar de volume à noite. Quando chegamos, nos referíamos ao som ambiente sempre no diminutivo, a musiquinha, mas, conforme a exaustão toma conta, passa a ser "aquele Kenny G desgraçado".

Nas noites de sábado e domingo há música ao vivo, um trio local com bateria, baixo e o vocalista, que canta e toca guitarra em covers de Nirvana, Soundgarden, Elton John, David Bowie, Queen, U2, Beatles, Britney Spears. Eles se apresentam para ninguém, em uma das ilhas artificiais do lago igualmente artificial que rodeia o prédio central do hotel, de três andares, onde fica a maioria dos quartos. A banda toca bem na direção da nossa janela e, na primeira noite em que os vi, assim que cheguei, fiquei encantada, filmei a interpretação deles de "Come As You Are" com sotaque indiano, naquele cenário idílico, e mandei para um grupo de amigos. No terceiro show, liguei para a recepção reclamando do barulho. Não aconteceu nada, eles tocaram das oito às onze, como combinado.

Uma noite peço socorro, preciso de um sono mais prolongado. Combino com o Sérgio que a babá ficará com ele para eu poder pular duas mamadas sem acordar. Dá quase seis horas direto, e, nas condições atuais, isso equivale a um fim de semana inteiro de pernas para o ar. Depois do jantar, me preparo para minha pausa como quem se arruma para uma festa. Tomo um longo banho, ponho um pijama limpo e me deito, com tampão nos ouvidos e máscara nos olhos. Deixo os pés para fora da cama, imaginando que daí a pouco vai ter choro. Ou despertador, que ajustamos para nos acordar a cada duas horas durante a madrugada, único jeito de não emendarmos a noite. Dessa vez não ouço nada. Durmo treze horas seguidas, das oito da noite às nove da manhã. Quando acordo está tudo igual, já é quase hora da próxima mamada. Não sinto remorso nenhum e ainda aprendo uma nova lição: culpa é cansaço de menos.

Todas as vezes que consigo uma dormida mais longa, acontece um fenômeno perturbador: acordo sem saber direito onde estou, e só depois de levantar é que me lembro de tudo, inclusive delas. Levo um susto a cada manhã: tenho duas filhas. E elas existem de verdade. Durante os primeiros meses, faço força para lembrar dos meus sonhos, mas não consigo. Demoro muitos meses ainda para sonhar com Rita e Cecilia.

Não sei se isso tem a ver com o fato de elas não terem crescido na minha barriga, mas suspeito que sim. Não perdi noites de sono antes do nascimento delas porque a barriga estava pesada demais, como imagino que deve ter acontecido com a Vanita. Não tive ajuda do meu sexto sentido, nem de uma avaliação dos chutes que os bebês dão na parede do útero e que atiça a imaginação das futuras mães, mesmo que nenhum médico confirme. Bebê que chuta mais não será mais agitado que bebê que chuta menos, mas essa deve ser uma informação importante e valiosa para uma grávida. Mesmo sem nenhuma pista, imagino que a Rita deve ter chutado a Vanita mais que a Cecilia. Mas não tenho como saber.

Por medo de constatar que a existência das minhas filhas vai demorar para chegar ao meu subconsciente, não procuro essa resposta em lugar nenhum. Os passos que levaram à existência delas foram pensados, repensados, discutidos. E eu imaginava que o fato de a vida delas ser resultado de tanto esforço, tantas decisões, faria com que elas chegassem mais rápido aos meus sonhos, mas não é o que acontece.

Os cafés da manhã na Índia são um dos meus momentos prediletos no hotel Madhubhan. O estilo é self-service, com omeletes feitos na hora e uma estação de *naan*, o pão típico indiano fininho e redondo, sem fermento, parecido com pão sírio, mas ainda menor e mais leve. É servido em temperatura ambiente, como torrada ou estufado na hora em uma frigideira sem óleo. É como me acostumei a pedir. Pode vir puro, com um temperinho ou recheado de queijo. Tem uma consistência molenga, quase puxa-puxa, e é divino. Como *naan* todas as manhãs, e uso de acompanhamento e antídoto corta-pimenta nas outras refeições. Adoro pães de outras culturas, sempre que viajo procuro conhecer os que são típicos de onde estou, e, quanto mais rústico, melhor. Não entendo nada de vinhos e sou bem pouco aventureira quando se trata de comidas exóticas, mas sou uma grande apreciadora de pães.

Os iogurtes indianos são mais parecidos com coalhadas, cheios de pedaços mais sólidos boiando em um creme aguado. E têm uma versão salgada, batida no liquidificador. Os cafés da manhã são os únicos momentos em que fico sozinha, e aprecio minha solidão imensamente. Como não podemos deixar as duas sem supervisão, nos alternamos nas refeições. Mas começamos a nos aventurar, todos juntos, em algumas voltas com elas de carrinho pelo hotel. Além do prédio central, em que ficam a maioria dos quartos, o Madhubhan tem um lobby bem espaçoso, ligado a dois dos restaurantes do hotel — um a que sempre vamos, indiano self-service, e onde é servido o café da manhã, e um indiano mais refinado. Há um terceiro restaurante, italiano, que fica numa casinha mais afastada e pouco convidativa. E, atrás do lobby, fica o spa, com algumas salas de massagem, sauna, espaço para aulas de ioga e longas alamedas de chalés que circundam uma piscina gigante com bordas orgânicas, como uma ameba bem comprida. É na borda da piscina que costumamos nos sentar, num lugar em que o sol só bate nos nossos pés, e lemos os jornais do dia.

Foi no nosso período indiano que morreu o ex-presidente sul-africano Nelson Mandela. O *Times of India* dedicou um caderno de dezesseis páginas a ele, cuja trajetória tem muitos paralelos com a de Gandhi (1869-1948), o líder do Movimento pela Independência da Índia. Gandhi, cujo primeiro nome é Mohandas (Mahatma é apelido, quer dizer "A Grande Alma" em sânscrito), era natural de Gujarat, mesmo estado de Anand, onde estamos. Nasceu no principado de Porbandar, à beira do mar Arábico, distante quatrocentos quilômetros de Ahmedabad. Seu pai era o primeiro-ministro do principado (que não existe mais). Gandhi teve um casamento arranjado à moda antiquíssima: ele tinha treze anos e sua noiva, Kasturba, catorze. Nenhum dos dois tinha a opção de dizer não nessa época, a tradição era diferente dos arranjos de hoje em dia. Foram os pais de Mohandas que decidiram que o filho devia ser advogado. Ele seguiu as ordens, mas quis estudar na Inglaterra. Contratado por uma firma sul-africana, mudou-se para Johannesburgo no finalzinho do século XIX.

Lá, a discriminação racial explícita e violenta despertou em Gandhi a vontade de fazer algo em nome da igualdade social. Ficou vinte anos na África do Sul defendendo a minoria hindu. Foi nesse período que sua arma de luta, a desobediência civil sem violência, tomou forma. De volta à Índia em 1915, passou a pregar o uso político do jejum, da greve, e a fazer grandes caminhadas como instrumentos de pressão e conscientização social. Gandhi dedicou à luta pela Índia independente mais de trinta anos de sua vida. Em 15 de agosto de 1947, afinal aconteceu. A Inglaterra concedeu liberdade à Índia, que fazia parte do Império Britânico desde o século XVII. Menos de seis meses depois, Gandhi foi assassinado por um hindu radical.

Mandela, que morreu aos 95 anos naquele 5 de dezembro de 2013, depois de ter passado 27 anos preso e quatro como o primeiro presidente eleito da África do Sul, também era advogado de formação e conhecido em seu país por um apelido, Madiba, o nome de seu clã. Tinha um segundo apelido, Tata, que significa "pai". Assim como Gandhi, também vinha da nobreza de sua tribo. Mandela seria um príncipe de sua aldeia se não tivesse preferido virar advogado e lutado pela igualdade de direitos dos sul-africanos. A opção pela não violência era outro ponto de união na história desses dois homens que, ao lado do norte-americano Martin Luther King (1929-68), são os nomes mais marcantes do século XX na luta pelos direitos civis. Rita e Cecilia nasceram no mesmo estado de Gandhi, poucos dias antes da morte de Mandela.

Outro artigo no *Times of India* me chamou atenção naquela manhã. Era uma coluna assinada, de um autor cujo nome não lembro. Ele dava dicas aos homens que trabalhavam em escritório de como se comportar com as colegas mulheres. Os casos de estupro na Índia são um problema grave e deixam consequências em todos os lados.

Nesse caso, o colunista alertava para o que chamava de "onda de processos por assédio sexual no trabalho". Ele dizia que os homens andavam acuados, apavorados com a ideia de serem acusados injustamente. E sugeria: "Olhem mais para os gays". Segundo o colunista, os gays indianos, que sofrem muito preconceito, desenvolveram métodos de autoproteção que poderiam servir aos homens contemporâneos. Um deles é nunca ficar sozinho com outro homem que possa vir a acusá-lo de algo indevidamente. O jornalista alertava: troque homem por mulher e as regras se aplicarão perfeitamente. Se tiver que correr o risco de ficar muito tempo na companhia de uma mulher, chame uma testemunha qualquer. E paquera só em bares ou festas com essa finalidade, também como fazem os gays. E, na dúvida, não sorria de volta. Pode ser uma armadilha.

O leite continua chegando três vezes por dia. Já estabelecemos uma comunicação sem palavras com Sandip, Aarav, para quem dou sempre um bombom, e o amigo deles de quem nunca aprendi o nome, motorista do *tuc-tuc* que os traz. Este às vezes vem sozinho e precisa esperar alguns minutos enquanto esterilizamos o pote que ele deve levar de volta. Afinal, o recipiente faz parte do kit "tirador de leite" que Vanita usa na clínica. Ele é motorista de praça e amigo de infância do Sandip. Sorri todo o tempo que passa conosco sem dizer uma palavra. Parece ter um humor inabalável, o que deve ser importante para quem trabalha doze horas por dia no trânsito indiano, debaixo daquele solão, buzinando para avisar que está vindo e desviando de motos, carros, caminhões, todos mais rápidos, e, vez ou outra, uma carroça puxada por um camelo, como várias que vimos em nossos deslocamentos por Anand e arredores.

Como o pessoal da recepção do hotel já se acostumou com nossas entregas, não avisa mais quando chega a turma do leite, que sobe direto, tanto quando estão os três quanto nas ocasiões em que vem só o motorista. Ele parece completamente à vontade, mesmo quando o recebo sozinha. Imagino que não deve ter lido a coluna do *Times of India*. Está sempre de calça e camisa de manga curta de cores escuras, sandália de couro aberta que tira ao entrar no quarto, então senta-se na cama onde dormem as meninas, cada uma em um cestinho, e corta as pontas das unhas do pé com a mão. Aí faz um gesto pedindo o controle remoto da TV, que nessas horas está quase sempre desligada. Ele liga e zapeia pelos milhares de canais até achar um filme ou um videoclipe de que goste. Precisa esperar alguns minutos enquanto passo o líquido para as mamadeiras e esterilizo o potinho, que será acoplado ao aparelho que suga o leite da Vanita.

O pote às vezes chega quase quente, com o leite dentro na mesma temperatura. Tudo vem acondicionado num saco plástico no *tuc-tuc* aberto, com uma capota também plástica, o que deve esquentar o pacote ainda mais. Consulto uma babá brasileira e ela acha que seria melhor jogar tudo fora, ignorar esse potencial centro difusor de bactérias. No Brasil, ela me diz, os pediatras ensinam que leite materno tem que ser refrigerado assim que é tirado do peito, ou corre o risco de estragar. Se isso acontecer e ele for ingerido, pode provocar diarreia forte e desidratar as meninas muito rapidamente. O grave da situação, ela me alerta, é que desidratação pode matar um recém-nascido, e os sintomas não são óbvios, podem passar despercebidos.

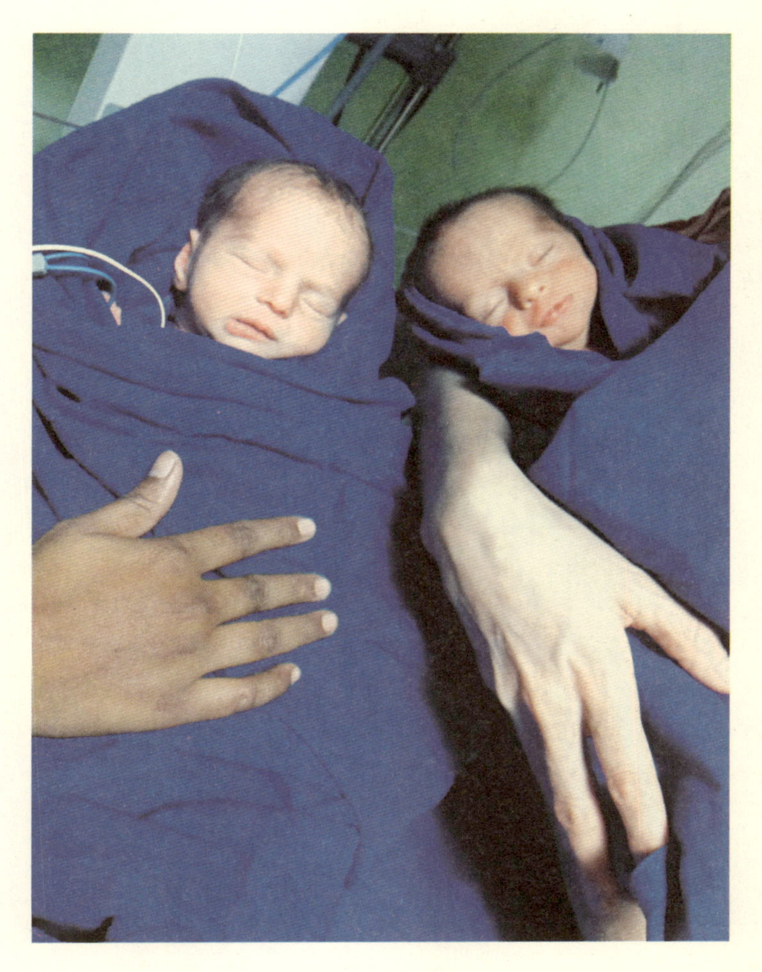

Primeiro encontro com Rita e Cecilia, no hospital Zydus, em Anand, quatro dias depois de nascerem.

De volta ao hotel, escrevo uma mensagem no espelho para fotografar e mandar aos amigos e familiares. Na confusão, achei que de trás para a frente ia sair certo na foto.

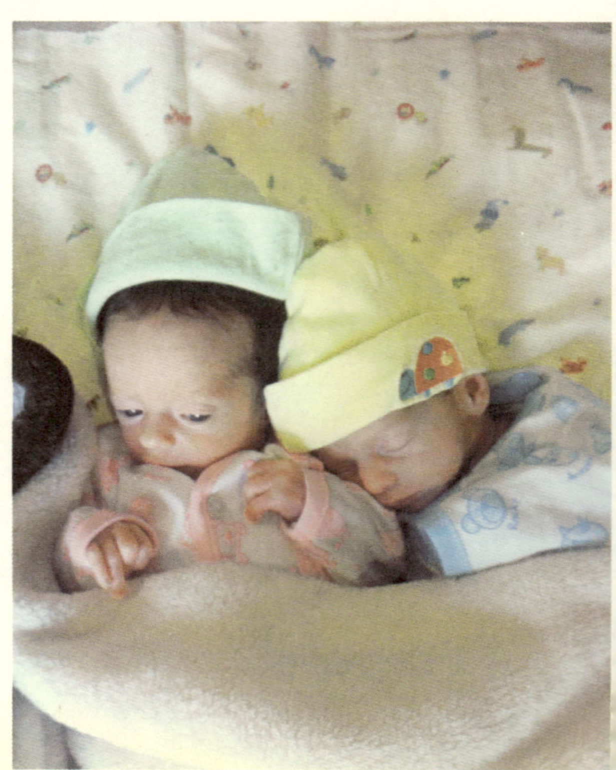

Rita e Cecilia com uma semana de vida.

Sérgio com as duas filhas no quarto do hotel Madhubhan.

Sérgio com a Cecilia no colo e eu com a Rita, na área externa do hotel. Elas têm duas semanas.

Sr. Uday carrega Rita na última noite em Anand.

Rita toma banho de pia no hotel.

Rita e Cecilia dormem no quarto de hotel em Dubai, onde fizemos uma escala de uma noite na volta para São Paulo.

Christina Christian,
na Casa das Grávidas.

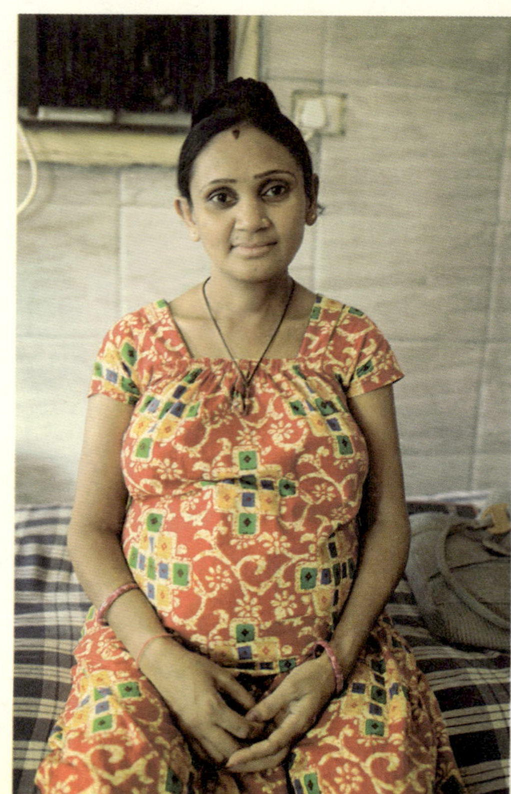

Kokilaben, grávida
de seis meses, na Casa
das Grávidas.

Casa das Grávidas.

De azul, dra. Nayana Patel, rodeada de funcionárias e barrigas de aluguel, na comemoração do nascimento do bebê 1001.

Sandip, Aarav (de camiseta do Santos), eu e Vanita perto da casa deles, no reencontro em 2015.

Vanita e Aarav sentados na porta da cozinha da casa deles em outubro de 2015.

Peço o parecer de dois médicos brasileiros e eles me aconselham a descartar o leite materno que chega morno e passa sabe-se lá quanto tempo entre o peito e o frigobar. Ambos me dizem que o mais seguro é optar só pela fórmula em pó, que inclusive faz os bebês ganharem peso mais rápido. O que decido descartar são esses palpites à distância. E, quando chega a encomenda, minhas filhas tomam mamadeiras de leite materno na temperatura ambiente, seja ela qual for. Se não for hora de mamadeira, coisa rara, aí vai para a geladeira. Esse leite elas tomam com gosto, toda a dose, até o fim. Ao contrário da fórmula, um leite mais consistente, que sacia mais rápido e do qual elas tomam um pouco e logo pegam no sono. Quando isso acontece, batemos no fundo da mamadeira com a ponta das unhas — tic, tic, tic —, num barulhinho característico que as faz sorrir ao ouvir até hoje, quando repetimos de brincadeira o ritual.

E nada nos assusta mais do que a água na Índia. Talvez só os pombos, dezenas, centenas deles. Há um bando que mora no hotel e faz pouso do lado de fora da nossa janela. Eles bebem água no lago artificial e na piscina, aí se acomodam onde acham um telhadinho. Uma manhã, depois de mais uma noite não dormida, ligo para a recepção pedindo socorro. Vem um mensageiro, o mesmo de sempre, com uma fita adesiva preta bem larga, e veda o vão da janela. Os pombos nem ligam. Não saem da janela nem enquanto ele faz essa manobra.

O Sérgio tem mais horror aos pombos do que eu, muito por culpa de um episódio do seriado americano *House*, em que uma doença rara e mortal transmitida pelas aves quase mata um paciente. Depois de muito investigar a vida do coitado moribundo, como acontecia em todos os capítulos da série, o médico desvenda o mistério: a doença é transmitida pelo dejeto dos animais depositado na plantação de maconha caseira que ele mantinha escondida no telhado de seu prédio. Outra referência pop que faz da ave uma vilã é uma frase do filme *Memórias*, de Woody Allen, em que um personagem diz que pombos são como ratos com asas.

Com tantos bichos soltos na cidade e nos seus arredores, presto atenção para ver se acho um gato no hotel. Temos três gatos em casa: Paçoca, Tininha — também conhecida como "ex-Ritinha", que perde o nome com o nascimento da sua xará ser humano — e Dorival, o gato-Lassie, apelido ganho depois de ele nos alertar que o banheiro do apartamento em que morávamos em Washington estava sendo inundado devido a um estouro de cano. E, apesar de haver muitos pombos em São Paulo, no nosso quintal elas não se atrevem a chegar, ou levam no mínimo um corridão. Um gato seria providencial na guerra contra os pombos de Anand. Mas não só não encontro nenhum no hotel como não vejo sinal de gato durante todo o tempo em Anand. Um dia, pergunto ao sr. Uday qual é a explicação.

O grande número de cachorros soltos é minha maior suspeita, mas eles convivem em paz com os outros bichos todos, por que iam expulsar os gatos? Gatos não costumam pedir licença, são animais resilientes, a explicação tem de ser outra. "Ribeiro, para que perder tempo com isso? Gatos não são bem-vindos", ele me diz. Insisto. "Você quer dizer que as pessoas sumiram com os gatos de Anand?" A resposta dele me deixa intrigada, mas, com medo da verdade, não pressiono mais. "Ribeiro, minha geração não precisou lidar com esse problema, o que quer que tenha acontecido, foi antes de eu nascer", insinua o sr. Uday, que tem mais de cinquenta anos.

No hotel, em todos os quartos, há sempre duas garrafas de água com uma etiqueta onde está escrito "filtrada e fervida". É a que usamos para escovar os dentes e lavar o rosto no começo da estada. Para beber, sempre mineral, uma água ótima, aliás, que eu nunca tinha visto, chamada Aãva. Segundo o rótulo, ganhou o prêmio de melhor água engarrafada de 2007. Vem das montanhas sagradas de Taranga, no estado de Gujarat, e é filtrada naturalmente pelas várias camadas de argila que atravessa até chegar às reservas abaixo do solo. Para o banho, não tem jeito, é água do chuveiro e boca bem fechada. Isso para os adultos.

Os primeiros banhos das recém-nascidas pareciam um ritual religioso. Eu ligava para a recepção pedindo dez garrafas da tal água filtrada e fervida e fervia de novo, três litros de cada vez, na chaleira elétrica do quarto. Então montava a banheirinha em cima do vaso sanitário e ia misturando essa água com a mineral até que a temperatura ficasse boa. Banheira pronta, tirava a roupa delas, enrolava-as na toalha e o resto era simples. Bastava segurar a cabeça bem para fora, deixando-as mais sentadas que deitadas para evitar que bebessem uma gotinha que fosse, com meu braço esquerdo apoiado nas suas costas, segurando o bracinho mais longe do meu corpo. Uma de cada vez, lógico. Com o braço direito, que estava livre, eu ensaboava e enxaguava. Sérgio ficava de assistente, botando o sabão na minha mão enquanto repetia, entre maravilhado e em pânico, como elas eram pequenas e magrelas.

O pavor da água durou mais ou menos uma semana e meia. Aos poucos, fomos deixando a liturgia para trás e no final eu já dava banho nelas na pia mesmo, com água da torneira. E nós dois tomávamos longas chuveiradas enquanto conversávamos, e até dei umas boas cantaroladas, *no problem*. Nunca chegamos a beber a tal água filtrada e fervida, e as mamadeiras eram sempre preparadas com a mineral da montanha sagrada. Mas tomei muito chá e café, sobretudo de madrugada, feito com a água do hotel. E não posso jurar que as bebês não engoliram nada de água em nenhum dos banhos. O fato é que nunca deram um espirro enquanto estávamos na Índia. Não tiveram diarreia, nem alergia, nem nada.

Desenvolvi a teoria de que elas tinham tido contato muito cedo com vírus e bactérias variados e desenvolvido uma super-resistência, já que, no hospital, depois que vieram para o quarto, eram levadas até a pediatria no elevador comum, junto com quem estivesse lá dentro. Mais de uma vez acompanhei o trajeto do bercinho de acrílico em que elas dormiam e entramos todas no elevador junto com outro paciente, deitado na maca com um suporte de soro, coberto por um lençol, empurrado por um enfermeiro. Vai saber de que sofriam ou o que os tinha levado ao hospital. Minha teoria se provaria furadésima e foi desmentida no primeiro mês de berçário paulistano, quando elas tinham quase um ano de vida e pegaram a primeira virose. Vírus brasileiro, não indiano, porém.

Num final de tarde, uma surpresa. Depois de um banho já com regras bem menos rígidas — ainda na banheirinha, mas com a água quente filtrada misturada com a fria da torneira —, o macacão para prematuros que elas usavam pareceu curto, deixando as pernas dobradas. Eu tinha comprado só um na loja de artigos infantis de Anand, numa das idas em busca de fraldas descartáveis. Era o único à venda, branco com detalhes laranja e umas girafinhas espalhadas. Tentei na Rita, a primeira a tomar banho aquele dia. "Encolheu", pensei. Mas as roupas delas eram lavadas no banheiro do quarto e secavam penduradas naquele varal de hotel, com uma única linha. Não havia como encolher. As meninas estavam crescendo, não só ganhando peso. Antes de comemorar, deixei o macacão de lado para experimentar na Cecilia e tirar a dúvida. Também ficou pequeno. O projeto foie gras vencia seu primeiro obstáculo. Já tínhamos duas filhas com tamanho de bebê recém-nascido.

5. Vanita e Sandip

A chegada dos meses mais frios inaugura a temporada de casamentos na Índia. Como quase nunca chove entre outubro e março, e as temperaturas ficam mais amenas, entre dezoito e trinta graus, o clima é perfeito para festas ao ar livre. O hotel Madhubhan, onde estamos, é especializado em casamentos. Os noivos muito abastados reservam todos os quartos por dois ou três dias, com um ano de antecedência, mesmo que não ocupem tudo com convidados. É mostra de poder.

Durante as comemorações, os hóspedes que estiverem por lá são obrigados a procurar outro pouso. Já aconteceram alguns casamentos no hotel desde que chegamos do hospital — as meninas estão com dez dias — e até hoje ninguém nos expulsou. "Os noivos não eram tão ricos", me disse o sr. Uday. Espiei as três festas que aconteceram. Numa delas, uma cena me marcou: indianas pobres, vestidas com sáris, trabalhavam segurando postes para iluminar o espaço. Ficavam imóveis, como postes mesmo, a noite inteira, sem dar um pio, sem tomar água, sem parar um pouco para fazer xixi, sustentando a iluminação extra da pista.

A música fica por conta de uma bandinha de homens uniformizados. O sujeito que puxa o canto se mantém no escuro, não é nem o líder da banda nem a estrela, é quase um *roadie*, o cara indispensável mas invisível.

"Amanhã quem vai se casar é o rei do diamante de Mumbai", conta o sr. Uday. A festa, para mil convidados, se estenderá por dois dias e duas noites. Durante os preparativos, consigo ver um pouco da decoração, toda com rosas e cristais. O noivo chega na festa em uma carruagem enfeitada de pedras que já está no hotel, e será puxada por dois cavalos brancos. Um Cinderelo étnico.

Modelos mais simples dessas festas de casamento acontecem a toda hora pela cidade. Sempre que saímos para comprar fraldas ou leite em pó passamos por um evento desses. A carruagem do noivo está presente em todos eles.

A chegada dos convidados é anunciada e festejada por um trio de tocadores de tambor que ficam parados na porta principal, vestidos com um uniforme combinando com o resto da decoração. E, além da batucada, eles fazem uns passos de dança típica, meio roda, meio bumba meu boi. A cada um que chega, dez minutos de tum-dum-dum. Como a comemoração dura dois ou três dias, há gente chegando quase o tempo todo, e o clima de Carnaval toma conta do lugar.

Desde a semana passada percebi que o número de pessoas no hotel aumentou muito. As alamedas onde ficam os chalés ao redor da piscina estão todas decoradas com guirlandas de flores de verdade, um trabalho interminável. Há uma turma mais executiva, duas mulheres e um homem, que andam sempre juntos. Eles dão ordens e supervisionam os mínimos detalhes. Na entrada principal, além do trio da batucada, aparece a cada dia um novo arranjo de pétalas de flores feito no chão, em forma de mandala. E um pôster em um cavalete de mais ou menos dois metros por um, como aqueles de eventos corporativos, anuncia a união dos noivos.

Desta vez, teremos que encontrar outro lugar para ficar. E os hotéis da região estão todos lotados, por causa desse casamento. A família do noivo está toda no Madhubhan; a da noiva, menos rica, se acomodou em outro lugar, mais barato. A diária no Madhubhan é muito cara para os padrões indianos, mas razoável em termos brasileiros — 7500 rupias por dia, em torno de 375 reais. Cada rupia vale cinco centavos de real (ou cada real vale 18,5 rupias, em média). Dividido esse valor por quatro, estamos pagando perto de 93 reais por noite por pessoa. E cada dia mais acostumados com a vida boa.

O sr. Uday combina comigo de me mostrar alguns outros hotéis da cidade para que eu decida para onde vamos no nosso feriado forçado. Passa na "nossa casa" certa manhã para me pegar e, antes de chegarmos ao primeiro destino, peço que ligue para a clínica e veja se Vanita ainda está lá e se pode nos receber. Ela está e pode.

A clínica fica no centro de Anand, é uma casa grande que ganhou vários puxadinhos conforme crescia a demanda. No térreo, há salas de consulta, de conversa, a diretoria e a salinha de fora, onde recebi a notícia do nascimento das bebês. Quem me recebe dessa vez é a dra. Nayana Patel, que não vi mais desde que as meninas nasceram. Nosso acordo, de certa maneira, está finalizado, ela entregou o serviço que contratei. Mas serviço e contrato são palavras que não se aplicam bem nesse caso. E será sempre assim. Ela senta comigo na sua sala e temos uma conversa longa, em que me faz uma grande revelação.

Ela não estava no país quando Vanita entrou em trabalho de parto, nem chegou a tempo do nascimento das minhas filhas. Tinha ido a Londres para um encontro com possíveis pacientes. Ou seja, nem eu nem ela estávamos na Índia. Mas ela soube na hora. A cesariana aconteceu na própria clínica, como a maior parte dos nascimentos dos "bebês-hóspedes", e foi supervisionada pelo seu marido, o dr. Hitesh Patel. A dra. Nayana viaja a Londres e ao Japão duas ou três vezes por ano, de onde vem grande parte dos seus pacientes. Ela conhece bem essa trajetória, sabe que entre o sonho de ter um bebê com ajuda de barriga de aluguel e o primeiro passo dessa caminhada existe um número infinito de dúvidas e medos. E alguns pacientes precisam de um olho no olho para tomar coragem.

Já comecei a entender e até me acostumar com o jeito indiano de narrar as histórias. É como se a dra. Nayana me contasse sempre a maior versão da verdade que ela considera importante em cada momento. Ninguém mentiu sobre o nascimento das minhas filhas, apenas esperaram a hora mais apropriada para me dar a notícia. Eu estava cansada da viagem, e sem uma noite de sono não teria energia para fazer o que tinha que fazer. Claro que eu preferiria que tudo acontecesse de outra maneira, mas já entendi que não é isso que norteia os acontecimentos. E, no fundo, existem mais semelhanças que diferenças em relação à maneira brasileira de fazer as coisas, sempre com uma boa dose de edição do que é considerado desagradável ou inadequado.

Pelo menos no Brasil em que cresci, no meio de uma família enorme do interior de São Paulo e de Minas. A gentileza presencial impera, mesmo que para tanto a honestidade das relações fique comprometida. Tem a ver com o que noto nas conversas com a dra. Nayana e o sr. Uday. Fiz as pazes com isso, ou pelo menos acho que fiz, mas guardo como um *post-it* mental para uma hora em que não tenha nada a perder, para aí perguntar sem rodeios: Por quê? Por que ninguém me avisou? Brasileiramente, acabo não fazendo isso nunca.

A dra. Nayana quer saber se vale a pena ir ao Brasil para um encontro com possíveis pacientes. Digo que sim, claro que sim, e imediatamente faço uma lista de pelo menos cinco casais que conheço e que estão passando por esse momento infernal da luta contra a infertilidade. A língua pode ser um obstáculo, a distância será outro, as diferenças culturais serão imensas, mas, se eu encarei, acredito que outras pessoas também podem encarar. Ela anota minhas respostas, pergunta se posso ajudar. Digo que sim, sabendo que não, mas o que quero agora é uma ajuda dela. Preciso ver a Vanita, conhecer alguns hotéis e voltar logo para o meu mundinho.

A doutora chama uma assistente, que percorre a clínica toda comigo. No andar de cima ficam as grávidas que estão prestes a dar à luz. Acomodam-se em camas com estrutura de ferro, cobertas com lençóis coloridos e alguns travesseiros, que colocam nas costas ou entre as pernas para aliviar o peso da barriga, e conversam ou assistem televisão. As que têm filhos pequenos trazem as crianças, que se juntam e correm de um lado para o outro, ou ficam só com a mãe. Há sempre muitas crianças por perto, assim como maridos. A qualquer momento, porém, uma delas pode sair de lá para a sala de parto, no mesmo andar, mas em outra ala. É um centro cirúrgico completo, onde acontecem partos normais e muitas cesarianas. Por isso, cada uma que levanta da cama atrai o olhar das demais, em suspense: Estourou a bolsa? Está passando bem? Terá chegado a hora?

No terceiro andar ficam as mulheres que já tiveram os bebês, mas ainda não voltaram para casa. Algumas esperam uns dias até receberem alta, caso tenham passado por cesariana; outras esperam o fim de semana, quando os maridos ou parentes podem vir buscá-las. A maior parte passa os dias na clínica durante o período combinado com os pais do bebê de coletar e enviar o leite materno, importante nos primeiros dias de vida.

Vanita está nessa situação, mas, como o corte da cesariana ainda incomoda e o marido se locomove de moto ou *tuc-tuc*, também tem dormido na clínica.

Sou levada a um quarto pequeno mas arejado, com uma janela grande, em que ela e Sandip esperam a hora de ele buscar o filho Aarav na escola. De lá, Sandip vai para casa e prepara o jantar dele e do menino. No dia seguinte, leva-o à escola e volta para ver a mulher e organizar o transporte do leite. Tirou um mês de férias do trabalho para acompanhar o parto e cuidar da mulher e do filho.

Não há muitas regras de conduta para cumprimentar a mulher de outra cultura, cuja língua você não fala, que deu à luz suas filhas dez dias atrás. Minha aposta é que ela entenderá o quanto estou emocionada e agradecida, e arrisco um abraço. Ela aceita e retribui, sem deixar que nossos corpos se encostem por inteiro. Fica claro que essa não teria sido sua escolha. Mas é um encontro doce, sem estresse e cheio de empatia. Como não falamos uma língua em comum, a comunicação se dá em grande parte por sorrisos, gestos e aquela balançadinha de cabeça que os indianos fazem e que até agora não sei se significa "sim", "não" ou "talvez".

Em inglês, Sandip traduz para mim o que ela diz. Em guzeráti, o dialeto que eles falam originalmente, ele traduz para ela o que digo. Ela está bem, ele me diz. Contente de saber que as bebês estão saudáveis. Mostro fotos no celular e ela ri porque acha que as duas são idênticas e vou me confundir e trocar seus nomes. Está com saudade de casa e curiosa para conhecer as bebês. Sorri quando digo que elas tomam todo o leite que chega.

Ela continua na clínica só por causa da coleta do leite. Isso não é bem uma surpresa, a dra. Nayana combinou com ela um pagamento pelo serviço, como faz com a maioria das mães e das barrigas de aluguel. E consultou Vanita, que poderia ter dito não.

Mas, agora, a situação me aflige. Foram oito meses carregando minhas meninas, e ela continua longe de casa para mandar leite para Rita e Cecilia. E nem as conheceu. Algumas mães combinam com a barriga de aluguel que ela dê o peito para os bebês. Encontram-se todos na clínica a cada duas horas para a amamentação e deixam para dar o complemento em pó só nas mamadas da noite. No caso de gêmeos, essa hipótese é descartada pela própria dra. Nayana, já que raramente o leite produzido é suficiente para mais que um.

As diferenças entre nós, entre o que cada uma pode e se dispõe a fazer, às vezes toma o lugar central nessa minha história. Sinto vontade de desfazer o combinado e dizer-lhe que volte para casa, que não se preocupe mais com o leite. Pergunto se gostaria que isso acontecesse e ela diz que não. Também é mãe e amamentou o filho até o primeiro aniversário dele, as minhas duas logo irão embora e merecem tomar todo o leite materno a que tiverem acesso, diz, via Sandip. Deixo tudo como está.

Vanita e Sandip parecem muito apaixonados, são carinhosos, sorriem e prestam atenção um no outro quase o tempo todo. Estão casados há seis anos. Ela é baixinha e magrinha, a barriga pós-gravidez fica evidente em contraste com os membros finos e a estrutura pequena de seu corpo. Com 1,68 metro e 54 quilos, me sinto um gigante ao lado dela. Devo ter a altura do marido, e o peso do marido somado ao do filho de cinco anos.

Durante a conversa ela me conta que tomou a decisão de se apresentar à dra. Nayana depois de ver uma amiga de sua vila fazer o mesmo. Para ser uma barriga de aluguel nessa clínica, as mulheres têm de ter até 45 anos, ser casadas e já ter pelo menos um filho. E podem fazer o procedimento no máximo três vezes, mas não podem se submeter a mais de duas cesarianas.

Vanita, Sandip e Aarav não têm ninguém no mundo a não ser uns aos outros. O pai de Sandip morreu quando ele era pequeno. Sua mãe se casou de novo, mas o marido dela não aceitou o filho; o menino foi entregue ao avô materno, que lhe pagava uma boa escola e fez questão de que aprendesse inglês para melhorar de vida, mas morreu cedo. Sozinho no mundo, Sandip parou de estudar e teve que começar a trabalhar. Ajudou um produtor de leite da região, depois trabalhou numa venda, e por fim conseguiu emprego numa empresa de laticínios, onde está até hoje.

Uma das crueldades recorrentes da imensa população indiana, de 1,2 bilhão de pessoas, é a concorrência acirrada por empregos que não exigem qualificação. No hotel, o mesmo garçom nos serve o café da manhã, o almoço e o jantar, de segunda a segunda. Paradoxalmente, para dar emprego a toda a população economicamente ativa, de 400 milhões de pessoas, os indianos usam soluções criativas e que podem parecer exóticas a olhos ocidentais como os meus. Dois exemplos: na ida do aeroporto de Ahmedabad a Anand, reparo que há cinco funcionários dentro da cabine de pedágio. Pergunto ao sr. Uday se não é um número exagerado. Ele me diz: "Ribeiro, temos de dar emprego para todo mundo. E muitos são só amigos do empregado, que vieram visitá-lo durante o horário de trabalho". Mesmo sendo quatro horas da manhã.

O segundo exemplo acontece com Sérgio, nos dias em que passa em Nova Delhi para conseguir as certidões de nascimento brasileiras de Rita e Cecilia e resolver outras burocracias. Ao comprar um tapete de caxemira, ele é atendido por um vendedor que tem dois vendedores assistentes. Decidida a compra, ele é encaminhado para um caixa com quatro funcionários. O primeiro pega a ordem de compra e carimba, passa para o segundo, que faz o recibo, passa para o terceiro, que pede e passa o cartão, e por fim para o quarto, que grampeia a papelada toda. Mais dois serão mobilizados para trazer o tapete e embrulhá-lo.

O sr. Uday me conta que não existe, na prática, um salário mínimo. Cada empregador paga o que quer, e exige o que bem entender. Assim, quem estiver disposto a mais horas de trabalho e menos horas de descanso, ou aceitar a menor remuneração, fica com o emprego. Moços como Sandip e moças como Vanita costumam trabalhar doze horas por dia, todos os dias, quando têm a sorte de conseguir um emprego. Mas eles têm um filho, e ninguém que os ajude a criá-lo.

Sandip foi criado na mesma vila que Vanita, numa área ainda mais rural nos arredores de Anand. São cristãos, e não hindus como a dra. Nayana e a maioria dos indianos. Anand é uma cidade com grande número de cristãos, raridade na Índia, que tem apenas 3% de cristãos em sua população (desses, a maioria — cerca de 70% — é católica, o resto é protestante). Mas os costumes do país são conservadores, não importa a religião.

Vanita era uma garota disputada e vinha de uma família estabelecida, que se adiantou e escolheu um noivo para a filha mais nova. Ela recusou porque ainda queria estudar. Tem uma irmã mais velha e um irmão mais novo, e os dois se casaram nesse esquema. Nunca se opôs à ideia de um casamento arranjado, é uma realidade que conhece e aceita. Sua mãe se casou assim e não se arrepende. Se não tivesse se apaixonado por Sandip, Vanita teria aceitado um noivo escolhido pelos pais.

Casamento arranjado não é mais uma imposição das famílias indianas, como antigamente. Ainda existe, mas hoje em dia é mais um costume, uma tradição. E funciona, na maior parte das vezes, como uma indicação dos pais, para a qual a filha ou o filho podem dizer não. O indiano Baba Shiv, professor de neuroeconomia da Universidade de Stanford, explicou como o processo funciona em entrevista à revista *Serafina*, publicação mensal que circula com o jornal *Folha de S.Paulo*, e da qual sou editora: "As famílias selecionam três ou quatro candidatos dentro de critérios estipulados pelo filho ou pela filha, como idade, classe social e passatempos", diz. "O processo dura cerca de um mês, mas cada encontro não dura mais que vinte minutos."

O próprio Baba Shiv, apesar de vir de uma família liberal, pediu ajuda à mãe quando encontrou dificuldades para achar uma namorada. Recusou a primeira candidata apresentada, mas se encantou com a segunda, Reva, sua mulher há 27 anos, mãe de seus dois filhos já adultos. E hoje em dia usa sua história pessoal para ilustrar o papel das emoções nas decisões que tomamos. A neuroeconomia é um campo de pesquisa que soma os conhecimentos da neurociência, da economia e da psicologia. Aos 54 anos, Baba Shiv é uma estrela de Stanford e suas palestras, cheias de humor, lotam os auditórios da universidade americana.

Como aconteceu com o professor, muitas vezes são os jovens que pedem ajuda aos pais para encontrar um namorado ou namorada, seja por tradição, timidez ou simplesmente conveniência. São comuns os classificados de jornal à procura de um bom noivo ou noiva para os filhos. Na última página do *Times of India*, a seção de relacionamentos é sempre lotada. As famílias compram "tijolinhos", espaços em formato retangular para anúncios, e descrevem o que têm para oferecer. As características das meninas são em geral centradas na aparência (o tom de pele mais claro costuma ser mencionado), na educação, na língua que falam e no dote. O perfil dos meninos costuma ser mais resumido, só com tom de pele, interesses pessoais e nível de educação.

Preencher um desses anúncios na edição on-line do jornal lembra os sites de compra e venda de carros, pela riqueza de detalhes oferecidos. Começa com um "Procurando por... (noiva/noivo)". Depois, os campos de idade, religião (dez opções, de "não importa" a "outras"), língua materna (mais de sessenta opções, a maioria dialetos), casta (centenas) e localidade. Embora não conste no campo no formulário automático, é comum que seja incluída a característica *fair skin* (pele clara).

Vanita e Sandip começaram a namorar escondido dos pais. Os dois quiseram se casar por amor, algo cada vez mais comum na Índia, mas, como a maioria das mudanças de costumes, essa começou nos grandes centros e está chegando devagar até as áreas mais rurais. E, nesse caso, o noivo escolhido por amor não tinha família nem dinheiro. Seria uma vida difícil, Vanita sabia disso, mas ela estava disposta a enfrentá-la. O que não imaginava era que seria deserdada pelos pais. Desde que se uniu a Sandip, sem nenhuma festa, muito menos carruagem e cavalos brancos, ela nunca mais falou com sua família, apesar de continuar morando na mesma vila que todos eles.

Engravidou aos 23 anos e, depois do nascimento do menino, não pôde mais trabalhar. Foi o pai que escolheu o nome Aarav (eles pronunciam "Árol"), que significa "sabedoria" e "pacífico". É um dos nomes da moda entre os indianos nascidos no século XXI, compete pelo primeiro lugar com Mohammed. Vanita teve uma primeira gravidez tranquila, engordou muito pouco, e o parto, via cesariana, foi rápido e sem traumas. Gostaria de ter mais filhos, mas quer esperar mais um pouco para ver como será a vida daqui para a frente, com o dinheiro que recebeu para abrigar minhas meninas. Disse que vai guardar a maior parte para os estudos de Aarav, mas também quer fazer algumas melhorias na casa e comprar coisas de que o filho precisa, como um novo tênis. E não pretende repetir a experiência como barriga de aluguel. Se tiver de passar por outra gravidez, será para dar um irmão ou irmã ao filho único, que vem cobrando isso dos pais.

Ao nos despedirmos, combinamos que o próximo encontro será no nosso quarto, quando ela quiser, para conhecer as minhas (nossas?) filhas. Saio de lá com o sr. Uday, que me leva a um hotel chamado Rama, onde se hospeda a maior parte dos casais quando recebem seus bebês, ou quando precisam passar muito tempo em Anand durante a primeira parte do tratamento, para a coleta dos óvulos e do esperma. Fica muito perto da clínica, e já está equipado para receber gente de outros países que não está lá fazendo turismo ou a negócios. Tem uma cozinha coletiva, em que cada hóspede pode preparar suas refeições, se não quiser comida indiana. E uma laje enorme, com vários varais, em que é possível pôr roupas para secar ao ar livre. E centenas, milhares de pombos pretos.

Recorrer a uma barriga de aluguel é uma maneira muito inusitada de começar uma família, mas, assim que esta se forma, é basicamente tudo igual para todo mundo. Bebês regurgitam, sujam suas roupas e as de quem os carrega no colo, as mães precisam fazer pelo menos duas refeições por dia, mesmo que cansadas e tendo passado as noites quase em claro.

Como fica no centro de Anand, o Rama está no meio de todo o buzinaço do trânsito da cidade. Peço para conhecer outros lugares, e o sr. Uday me leva ao que parece ter sido um motel, com cama redonda, parede escura e espelho no teto do quarto enorme, em que caberíamos todos sem dramas. Acho graça da ideia, mas ali o barulho é interno, um som ambiente que, imagino, vai nos divertir por alguns minutos e depois nos irritar pelas duas noites e três dias previstos para o casamento do rei do diamante de Mumbai.

A dra. Nayana nos salva mais uma vez. A caminho do terceiro hotel, ela liga para o sr. Uday e diz que o dono do Madhubhan nos ofereceu sua casa de hóspedes, que fica a alguns minutos de lá. Os dois são amigos há muito tempo, fazem parte da elite de Anand, e o empresário sabe que os clientes de um tendem a ser clientes do outro também. Vamos lá conhecer o local. É um sobrado ultra-agradável, numa rua sem saída e pavimentada — combinação rara. Planejo preparar um macarrão na cozinha enorme, que comeremos na mesa redonda da copa. Será a primeira experiência como uma família normal, e comemoro a perspectiva.

Combino com o sr. Uday de ele me levar ao mercado que frequenta, o mesmo a que fomos quando vi Rita e Cecilia no hospital pela primeira vez. Agora vou ter interesse genuíno nos produtos à venda. Farei as compras e deixarei a TV da sala ligada num filme, com o som baixinho, enquanto espero o ponto da massa, espiando as bebês, que dormem no sofá, uma de cada lado do pai.

Volto correndo ao Madhubhan, animada com a novidade. Juntamos algumas roupas para nossa mudança. Precisamos esvaziar o quarto para os hóspedes que não param de chegar, como os tambores anunciam, mas podemos deixar a bagagem no hotel. É só levar algumas mudas de roupa e toda a parafernália das duas. A proporção é invertida aqui, quanto menor a pessoa, mais coisas para carregar. Eu e o Sérgio fazemos uma mochila para nós dois, e as bebês, que caberiam elas mesmas numa mala, precisam de duas, enormes. Elas nem acordam no trajeto, vão no colo, cada uma com um, afundadas no *sling*, nós dois no banco de trás do carro, sem cinto de segurança.

Chegando à casa de hóspedes, nos acomodamos, montamos um trocador improvisado, os moisés das duas na cama ao lado da nossa e, quando está tudo quase em paz e estou prestes a sair de novo para as compras, os planos vão por água abaixo. Primeiro, uma surpresa: os banheiros têm privada, mas não descarga. Após o uso, cada um enche o balde que fica no chuveiro e despeja água no vaso. Depois, um choque: descobrimos que não estamos sós. Aliás, nada sós. Há outro hóspede na casa que não acha a menor graça na turma que apareceu de repente. Passa por nós sem dizer palavra e acende um cigarro atrás do outro num quarto do andar de cima. Por fim, o caseiro, muito simpático, mas com quem não conseguimos nos comunicar, fica meio desalojado quando nos sentamos no sofá da sala — a cama dele, descubro depois — para dar mamadeira para as duas.

Nossa lua de mel doméstica não sobreviveu aos imprevistos da nova casa.

6. Hora de desistir

O terceiro ato da minha saga maternal começou no réveillon de 2012 para 2013, quando pela primeira vez uma promessa minha de Ano-Novo foi cumprida à risca: dar um basta nas tentativas de engravidar. Em outro réveillon, de 2005 para 2006, o plano tinha sido o oposto: ter um filho. Sérgio e eu já éramos casados havia cinco anos e estávamos nos mudando para Washington, onde ele seria correspondente da *Folha de S.Paulo* e eu continuaria minha vida de freelancer. Ficaríamos um ano lá, e combinamos de fazer o pré-natal nos Estados Unidos e o parto no Brasil, cercados de família e amigos mais próximos. Nos primeiros meses em Washington ainda evitamos a gravidez, para eu não correr o risco de ter o bebê nos Estados Unidos, sem minha mãe por perto.

Chegamos à nossa nova cidade no final de um inverno rigoroso. Era março, e ainda fazia perto de zero grau. Ficamos hospedados no The Jefferson nos primeiros dias, um hotel antigo e, na época, bem decadente (o lugar passou por uma reforma em 2009 e hoje em dia é um dos lugares tradicionais mais indicados de lá). O local ainda mantinha a compostura, o serviço era excelente, os garçons e porteiros eram todos homens mais velhos, vestidos de terno e luva. Eles nos serviam no restaurante, abriam a porta do elevador, nos ajudavam com as compras e desejavam bom-dia como se de fato se importassem.

Na terceira noite, saindo do cinema, torci o tornozelo numa esquina e passei os dois meses seguintes com o pé imobilizado. Fiz compras de cadeira de rodas nas lojas imensas da rede escandinava de móveis prêt-à-porter Ikea, com o Sérgio me empurrando. Foi a primeira vez na vida que percebi as pessoas com pena de mim. "Casal jovem, ela na cadeira de rodas e ele empurrando, tão dedicado, os dois tentando montar uma casa e começar uma vida", imaginei que pensavam aquelas pessoas com olhar de misericórdia. Estava na cara que viraríamos assunto no jantar.

Assim que nos instalamos no apartamento da rua 19, em Dupont Circle, região central e uma das únicas com alguma vida noturna na capital norte-americana, comecei a sentir falta de movimento pela casa. Então, para me fazer companhia nas futuras manhãs de enjoo durante a planejada gravidez, decidi que adotaria um gato. Seria o terceiro — os dois primeiros, duas fêmeas, tinham ficado no Brasil, na casa de uma tia do Sérgio que abre as portas para quem precisa. Já houve gente morando com a Nica para se curar de alcoolismo, porque se separou do marido, para tratar do vício em drogas ou porque vendeu a casa e não tinha para onde ir. Nossas gatas, Paçoca e ex-Ritinha, hoje Tininha, já tinham morado com ela durante nossa estada em Palo Alto, durante o período de estudos do Sérgio na Universidade de Stanford.

Adotar um gato nos Estados Unidos foi um processo quase tão complicado quanto ter nossas filhas na Índia. Recorri à Washington Humane Society, uma ONG que existe desde 1870, apoiada pelo Congresso americano, que lida com os animais abandonados ou ferozes que vivem na cidade. Além dos tradicionais gatos e cachorros, a WHS também cuida de intrusos na área urbana como guaxinins, bichos ferozes e transmissores de doenças, leões-da-montanha e até ursos. A fauna norte-americana, de tão mais protegida que a nossa, traz outros problemas. Muitas vezes, animais selvagens chegam às cidades durante os meses mais secos atrás de água e comida.

A WHS tem uma opção bem tentadora: servir de lar temporário, em vez de adotar o bicho definitivamente. Comecei com esse argumento para convencer o Sérgio. Traria para casa uma gata parida com seus filhotes, até que eles desmamassem e tivessem idade suficiente para serem adotados. Secretamente, já planejava ficar com a mãe, e, quem sabe, um dos filhotes. Ao me inscrever, logo percebi a complexidade da coisa: quem recebe um gato, ou uma família de gatos, fica também responsável por encontrar seus futuros donos, os definitivos. E eu conhecia só uma pessoa em Washington até então, o diplomata Alexandre Vidal Porto, e ele já tinha um cachorro. Não daria certo.

A adoção seria o nosso caminho. Preenchi um longo formulário com nossos hábitos, nossa casa, como planejávamos fazer quando viajássemos, que experiência tínhamos com animais, quem seria o veterinário, para que hospital levaríamos o gato em uma emergência, quanto dinheiro estávamos dispostos a gastar com ele por mês. Depois disso, foi marcada uma visita à sede, onde ficam os bichos, para que eu os conhecesse e eles vissem minha cara.

Num sábado à tarde, fui até lá. Passei por uma longa prateleira de jaulas de gatos de idades e tamanhos diferentes, cada um com um resumo de como tinha ido parar naquela situação. As histórias eram comoventes, mas descritas daquela maneira americana, só os fatos, sem muito fru-fru. "Marshmallow morava com uma senhora que se mudou para Ohio e não o levou. É dócil e se dá bem com outros gatos, mas não com crianças." "Margot e seus irmãos nasceram no telhado de uma garagem. Os donos da casa eram alérgicos e pediram nossa ajuda. É arisca e se dará melhor sendo o único gato da casa." "Dylan morava com outros seis gatos de um senhor que morreu. Seus filhos não quiseram os animais. Tem onze anos e problema renal."

No último corredor, vi um gatinho preto e branco muito relaxado, de barriga para cima, que nem se mexeu quando parei na frente dele, só abriu um fio de olho para ver quem estava lá. Tinha três meses e fora encontrado em um subúrbio de Washington, procurando comida. Era manso e se dava bem com outros gatos, cachorros, crianças. Cheguei mais perto, ele abriu os dois olhões amarelos e esticou uma das patas da frente. Peguei-o no colo, ele se ajeitou no meu braço e dormiu. O nome era Licorice, e já tinha sido escolhido por outra família.

Devolvi meu gato favorito e continuei olhando. Escolhi outro, cinza e peludo, de quatro meses. Chamava Pablo, era mais agitado e brincalhão. A menina que me acompanhava disse que essa era a segunda opção da família que escolhera o Licorice e se ofereceu para falar com eles e contar o que tinha acontecido. "Você se apaixonou, ficou evidente", ela disse. Uns dias depois, telefonou com a boa notícia. A família mudara de ideia. Queria o Pablo. Mas antes de a ONG me dar a posse de um bicho, haveria uma visita surpresa de uma voluntária para comprovar se eu morava mesmo onde dissera e ver se o apartamento era seguro o suficiente.

Então, no final de uma manhã, sem aviso, a campainha tocou. Era uma menina de uns vinte e poucos anos, com a certeza de seu lugar no mundo que só os jovens americanos têm, que se apresentou como voluntária da Humane Society. Foi entrando. Precisava checar se nossas janelas tinham proteção e se no apartamento havia espaço suficiente. Fazia perguntas estratégicas enquanto andava pela casa, pronta para me pegar em contradição. Bastaria uma resposta diferente da que eu dera no formulário para não entregarem o animal. O clima estava ficando tenso quando ela notou uma pilha de revistas *Foreign Policy* no móvel da TV e perguntou quem as lia. "Nós", respondi, "quem sai do país natal para trabalhar como jornalista tem de se informar." Ela então contou que era casada com o colunista venezuelano Moisés Naím, o editor da revista, e que conhecia bem a rotina de um correspondente. Acabou se afeiçoando a nós, e disse que entraria na torcida para que o Licorice fosse morar conosco.

Na mesma tarde, chegou a confirmação. Licorice era nosso. Mas ainda faltava uma parte da saga. Ele teria que ser castrado. Cirurgia marcada, o gatinho estaria liberado numa segunda-feira, dali a uns dez dias. Marcamos de passar o fim de semana em Nova York, e, na volta, eu desceria na estação de trem mais próxima à sede da ONG e voltaria para casa com ele. Comprei caixa de areia, potes, ração e comecei a pensar num nome em português. Ao longo da semana, tive tonturas e senti uma preguiça que nunca ia embora. Gripe, pensei. Mas, no fim de semana em Nova York, em vez de ter vontade de andar pela cidade inteira e ir aos restaurantes, bares, museus e lojas preferidos, eu só pensava em ficar no hotel. Comprei vitamina C efervescente para dar uma despertada, o que me provocou uma reação fortíssima: fiquei com o rosto vermelho e coceira no corpo todo. Chequei na agenda a data da última menstruação e ficou óbvio: eu estava grávida.

Contei para o Sérgio e, mesmo antes de ir à farmácia comprar um teste para confirmar a suspeita, já estávamos comemorando. O gato cresceria em casa, em Washington, junto com a minha barriga. Dormiríamos todos juntos, já que tanto o berço do bebê como a caminha do gato ficariam no único quarto do apartamento. Fiz testes de gravidez de três marcas, todos deram positivo. Sem plano de saúde americano, não tínhamos começado a tentar engravidar para valer, mas já não evitávamos mais. E aconteceu.

Passamos o domingo andando meio sem rumo, entrando em todas as lojas de roupinhas de bebês e de grávidas. No fim do dia, sentamos em um restaurante e tentamos prever o futuro. Calculamos quando nosso filho nasceria, o signo, debatemos a rotina de trabalhar em casa e ter um bebê, mapeamos as pracinhas da região, pensamos no que fazer nos dias mais frios. Traçamos um plano ambicioso: com um bebê a caminho, já poderíamos pensar em quando teríamos o segundo, antes que ficasse tarde demais. Para três talvez não houvesse mais tempo, mas, aos 36 anos, eu ainda poderia ter dois filhos com tranquilidade antes de chegar aos quarenta.

Liguei para a minha mãe para dar a notícia, ela disse que meu pai ia ficar muito feliz. "E você?", perguntei. Ouvi um soluço alto. Ela começou a chorar e não disse mais nada, estava emocionada demais para falar. Contei também para o meu amigo da vida inteira, o Dênis, quase um irmão, e para a Ana, minha única irmã. Telefonei para o meu ginecologista em São Paulo, ele me deu os parabéns e me recomendou manter segredo durante as primeiras doze semanas, quando o risco de perder o bebê é maior. No mais, era evitar muito álcool, remédios e grandes esforços. "Vida normal", afirmou. Não pensei muito nisso na hora, mas o que pode ser menos normal do que esperar um bebê e não contar a ninguém? Por que manter segredo? Qual é a finalidade lógica disso? E daí que se pode perdê-lo?

Durante todo o tempo em que passei tentando engravidar ou manter uma gravidez, ouvi esse mesmo conselho de toda sorte de pessoas, com todo tipo de proximidade. De amigas íntimas a conhecidas mexeriqueiras, de homens e mulheres de todas as idades: "Não conte nada a ninguém". Uma única amiga entre as mais próximas fez o contrário disso, e até hoje sobressai na minha lembrança: a Bia Sant'Anna, que começou a tentar engravidar um pouco antes que eu, conseguiu no segundo mês sem tomar pílula e contou para todo mundo assim que o teste de farmácia deu positivo, com menos de um mês de gravidez, e no mesmo dia em que soube.

Muita gente age assim, claro, em especial se tiver engravidado rápido, sem tratamentos. Se for sem querer, então, conta-se com muito menos cerimônia. Mas quem encontra dificuldade tende a esconder. Não fui a campo fazer um levantamento desses dados, mas foi assim que essa questão do segredo se revelou para mim. Quando engravidar era o assunto principal da minha vida, ouvia que só daria certo se não falasse sobre isso. Depois, surgiu um novo dogma, ainda mais absurdo. Quando eu já estava tentando engravidar havia alguns anos, ouvia da mesma quantidade de pessoas que, assim que eu desistisse, ficaria grávida.

Na chegada a Washington, depois do fim de semana em Nova York em que, de repente, eu esperava um filho e tinha um novo gatinho, comprei duas roupas de bebê em estilo *tie-dye*, aquele imortalizado pelos hippies nos anos 1960 e 1970, e uma caixa de transporte que acomodava bichos de até sete quilos no avião, já imaginando que Licorice nos acompanharia sempre que fôssemos a São Paulo. Então passei na sede da Humane Society para pegá-lo. Ele estava ainda mais mole do que no primeiro encontro, acabara de acordar da anestesia, a cirurgia tinha acontecido naquele dia. Fiquei com muita pena, afinal ele nunca saberia o que é o sexo, para o que serve, nem qual é a graça.

Coloquei-o na caixa nova, com uma janela em cima pela qual ele poderia botar a cabeça para fora, e peguei um táxi para casa. Abri a janela e ele, pequeno e magrelo, pulou no meu colo. Nunca tinha visto um gato tão delicado. Lembrei na hora de um quadro antigo do programa de humor do Jô Soares em que um pai meio sem noção conta vantagem aos amigos sobre o filho Dorival, segundo ele um garanhão que vive rodeado de amigas bailarinas, faz até balé para ficar mais perto delas. O pai é um machistão bem burro, e o filho, que nunca aparece, gay. Ele tinha um bordão: "Meu filho, o Dorival, é uma fera". Era isso, o nome do gato seria Dorival. Se pensassem que era por causa do Caymmi, tudo bem também, seria uma homenagem colateral.

Dorival cresceu sozinho no apartamento da rua 19. A gravidez não foi adiante. No segundo exame de sangue feito a pedido da obstetra em Washington, quinze dias depois do primeiro, já não se constatou o hormônio que indica a presença de um bebê sendo formado. O corpo deve ter absorvido o embrião, ou, se ele foi expelido em algum momento, não percebi. Na volta para casa, depois de receber a notícia no consultório, tomei um relaxante muscular e fui para a cama. Fiquei acordada, embaixo das cobertas, com um travesseiro embaixo do rosto e outro por cima, para não ouvir nenhum som de fora e não ver nem sinal da luz do dia. Deixei o Sérgio com a missão de dar os telefonemas com a notícia. Como tínhamos mantido segredo, só precisávamos fazer o recall para quatro pessoas. Por outro lado, eu não tinha como explicar por que não iria entregar um trabalho prometido para aquela tarde. Então, assim que me recompus, sentei no computador para escrever o texto mais sem inspiração que já fiz na vida.

Desde esse dia, passei a amaldiçoar a cultura do segredo. Mas só em discurso. Depois de tentar engravidar de muitas maneiras e por muito tempo, comecei a seguir qualquer conselho, a acreditar em qualquer coisa. Ou, na dúvida, a não questionar ou desafiar o que poderia ter um fio que fosse de verdade ou de esperança. No fundo, há uma enorme superstição envolvida nessa trama. Como o fato de falar sobre uma gravidez pode ser prejudicial ao feto? Não há ciência nenhuma nisso. Ninguém dá esse conselho seguido de uma explicação, é como se ficasse subentendido que outras mulheres vão ter inveja de quem está grávida, e a inveja dos outros pode provocar um aborto.

Fiz várias dietas que prometiam desintoxicar o organismo durante os anos em que tentei engravidar. Tudo muito natural, sem nenhum remédio, sem nada que pudesse interferir no meu plano principal. Acho que essa moda do *detox* pegou sobretudo quem chafurdou no "intox" na adolescência. Passeei bastante bem pelo mundo das drogas — todas mais ou menos leves, em quantidades mais ou menos razoáveis — e mergulhei fundo na salvação pela saúde. Mantive meu corpo em forma, passei mais horas na ioga da rua 14 em Washington do que teria coragem de admitir, mas sempre evitava as posições de cabeça para baixo por muito tempo. Fiz workshops, retiros, curso de meditação e um *panchakarma* — uma série de tratamentos da medicina aiurvédica que promete tirar do corpo tudo que não nos serve mais.

E segui desde simpatias simplórias até técnicas comprovadas para engravidar naturalmente. A mais básica de todas as dicas é transar muito, e cumpríamos esse requisito. Depois, li que o melhor era dia sim, dia não, de modo que um mês tinha dias pares mais animados que os ímpares, e no mês seguinte era o oposto. Uma recomendação que até hoje não sei bem onde se encaixa nesse espectro amplo era pôr as pernas para o alto depois de terminar o ato, para garantir que os "girinos" nadem na direção certa e não escorreguem no caminho. Eu segurava o xixi por uns bons quarenta minutos depois de transar para não correr o risco de perder um bom embrião em formação. Tudo que lia, ouvia ou lembrava virava regra. Havia até posições sexuais que facilitavam a feitura de um menino ou uma menina, mas nessa paranoia eu não entrei. Pirava antes e depois, mas durante, por sorte, perdia o foco.

Enquanto morava em Washington, eu passava as férias no Brasil. Vinha para São Paulo no Natal, às vezes viajava no réveillon e, quando dava, ficava até o Carnaval. Escapava do inverno americano e aproveitava a cidade mais calma, com menos gente e carros nas ruas. Uma vez fui ficando, ficando, até que certa tarde notei no supermercado do bairro um começo de decoração de Páscoa, aquele telhado de ovos que se faz tradicionalmente. Saí assustada e marquei a volta para o dia seguinte. Tinha estendido a viagem por conta de uma cirurgia da minha mãe para retirada de mais tumores, dessa vez no pulmão, e me desliguei do tempo.

Sempre fui distraída. Certa ocasião, numa segunda-feira no meu primeiro emprego, esqueci de ir para o trabalho. Acordei, tomei café e fiquei com a sensação de que estava faltando alguma coisa, mas nada me ocorria. Até que minha chefe, Mônica Teixeira, ligou lá em casa querendo saber se tinha acontecido alguma coisa comigo. Fiquei tão surpresa que contei a verdade. Ela achou graça, para minha sorte, e passou a se despedir às sextas-feiras me alertando para não esquecer de ir trabalhar na segunda.

Distração e tratamento para infertilidade não combinam, o calendário é imperativo, você tem de saber as informações de cor. A variação de dias entre os ciclos menstruais, o último ciclo, os dias mais férteis, a temperatura do corpo nos dias normais e nos dias em que se ovula. A cada novo médico que procurava, eu saía com uma nova lição, uma nova informação que tinha de ter na cabeça. Virei uma especialista no funcionamento do meu próprio corpo. Tomando pílula anticoncepcional, meu método de prevenção de gravidez usado nos últimos anos, ninguém precisa controlar seus ciclos, na verdade eles são controlados pelo medicamento. A cada cartela de 21 dias de pílula, há uma pausa de uma semana e uma menstruação. Não há surpresa, mas você também não tem garantia de que seu aparelho reprodutivo está funcionando com precisão espetacular ou apenas simulando ciclos. Se meu organismo tivesse ciclos irregulares, que dificultam a gravidez, eu não tinha como saber disso havia muitos anos.

Minha primeira intromissão nesse processo foi feita com apoio do meu ginecologista de quase toda a vida, o mesmo da minha irmã, de uma prima, de uma amiga. Ele estava em São Paulo, eu em Washington, e, por telefone, me receitou um remédio indutor de ovulação logo depois daquela gravidez que não foi para a frente. A médica de Washington me aconselhou a esperar pelo menos um ano antes de procurar um especialista em fertilização, até lá era considerado normal tentar engravidar e não conseguir. Fui na dica do médico brasileiro e pedi a uma amiga que comprasse o remédio. Era bem barato e difícil de achar, um remédio antigo, ultrapassado. Mas ela o enviou pelo correio e eu tomei. Os efeitos colaterais eram fortíssimos, inchaço na barriga, uma irritação fora do comum. Eu deveria tomá-lo por três meses seguidos, ou até engravidar, e então parar. Fiz isso, mas não engravidei.

Na vinda seguinte a São Paulo, fui ao médico e ele disse que poderíamos tentar uma inseminação artificial, no consultório mesmo. E me alertou que esse era o começo de um caminho doloroso para um casal — a certa altura um dos dois descobriria que era o culpado pelo fato de a gravidez não estar acontecendo, e o outro teria de ser muito generoso para não ficar com raiva. Ele mesmo tinha três filhos adotados. Havia se casado jovem e, assim como sua mulher, queria família grande e ser pai ainda novo. Mas o tempo começara a passar e ela não engravidava, então os dois combinaram de não fazer nada — nenhum exame, nenhum tratamento, nenhum remédio. Assim, jamais saberiam qual era a origem do problema. Tinham adotado três meninos, que já eram adolescentes quando fizemos as primeiras inseminações.

Foram quatro, feitas sempre nas passagens por São Paulo. A inseminação é o método menos tecnológico, entre os invasivos, de induzir uma gravidez. O sêmen do homem é colhido por ele mesmo em um laboratório especializado, e então entregue a um médico, que avalia no microscópio se os espermatozoides estão se movimentando na velocidade certa, para o lado certo. Se tudo estiver bem, como era o nosso caso, a melhor parte deles é colocada em um frasco do tamanho de um tubo de ensaio junto com uma solução que os conserva vivos. Esse composto precisa ser mantido na temperatura do corpo se a inseminação for feita no mesmo dia, como também era o caso (senão, pode ser congelado).

Levávamos, o Sérgio e eu, esse material guardado no meu sutiã até o consultório do meu ginecologista, para manter o calor. Lá, o sêmen era colocado em uma seringa e inserido no colo do meu útero, no dia em que meus óvulos estivessem no tamanho ideal. Essa data era determinada por uma série de exames de sangue e ultrassons que acompanhavam a variação dos hormônios e o desenvolvimento dos óvulos produzidos em cada ciclo.

Fizemos três tentativas seguindo o protocolo e uma última sem exame nenhum, porque era o que dava para fazer nos quatro dias úteis que passei na cidade, depois de outra cirurgia da minha mãe. Nenhuma deu certo. Então, decidimos procurar um especialista. Meu médico sempre me dizia: "Se você quiser muito ter um bebê, procure o dr. Roger, ele consegue. Mas só se você não tiver alternativa, porque o que se diz na minha área sobre ele é assustador". Ele se referia ao dr. Roger Abdelmassih, seu ex-colega de faculdade, que na época era um dos nomes mais conhecidos do Brasil no campo da fertilização in vitro e que em 2009 foi acusado por várias ex-pacientes de abusar sexualmente delas enquanto estavam sob efeito de sedativos. Hoje ele está preso, cumprindo pena de 278 anos de prisão.

Só procurei um especialista na área depois de voltar a morar em São Paulo, em 2010. Escapei do dr. Roger por meses — ele era o único nome que eu conhecia, fatalmente iria parar lá. Mas pedi outra indicação, e, mesmo contrariado com minha decisão, meu ginecologista me indicou um conhecido. Procurei o médico, um filho de japoneses sisudo e mal-humorado, que de cara me deu uma bronca: "Por que demorou tanto?". Eu já estava no começo do quinto ano de tentativas, todas frustradas. Saí com uma lista de exames, que fiz mas nem levei para ele ver.

Cheguei então a um terceiro médico, de quem também prefiro não dar o nome, apenas o apelido pelo qual me referia a ele: dr. Calça Diesel. Era bonitão, malhado, sempre com o cabelo penteado para trás com gel fortíssimo, mocassim italiano, camisa engomada e jeans da marca supracitada. As consultas atrasavam em média uma hora e meia, e certa vez cheguei a sair do consultório dele às onze horas da noite.

Ele atendia desde muito cedo até muito tarde, assim como nos fins de semana. Topava qualquer encaixe de horário, menos na hora da musculação, que fazia todos os dias pontualmente às catorze horas. Com ele fiz as primeiras tentativas in vitro, em que todo o processo se dá fora do corpo, em laboratório. A parte do homem é igual à da inseminação, o sêmen é colhido da mesma forma. A parte da mulher é mais complicada. Ao atingirem o tamanho ideal, os óvulos são retirados do corpo, e a junção de óvulos com espermatozoides é feita no laboratório. Quando um espermatozoide entra em um óvulo e o fertiliza, tem origem um embrião. Os melhores embriões são transferidos para o útero da mulher, e, se o corpo colaborar, o resultado é uma gravidez. Esse embrião vira um feto algumas semanas depois.

Foi com esse mesmo médico que descobri o meu maior problema: meu útero tinha falta de aderência. E, conforme o tempo passava, meu aparelho reprodutivo envelhecia junto com o resto do meu corpo. Portanto, quanto mais eu estimulava as ovulações com hormônios, menos óvulos produzia a cada ciclo. Os poucos que conseguia eram de boa qualidade, e eram retirados do meu útero; junto com os espermatozoides do Sérgio, davam origem a bons embriões.

Em tratamentos com tanto uso de tecnologia, o material genético é avaliado a cada passo do processo. Os óvulos são analisados pelo tamanho e aspecto — os melhores são os redondinhos por igual. Os espermatozoides são cotados pela rapidez com que se movem. E os embriões formados recebem uma espécie de nota, de A a C, de acordo com o que acontece quando são fabricados em laboratório. Os mais bem cotados são os que, quando injetados com um tanto de espermatozoides, apresentam a mutação que se espera, tanto em tamanho quanto em "comportamento". Tudo examinado por microscópio. Não há nenhum romance envolvido.

Os meus embriões recebiam notas A e B, as melhores, mas quando eram colocados no meu corpo, igualmente preparado por hormônios para aumentar o tamanho do endométrio, não resultavam em gravidez.

Minha implicância com o dr. Calça Diesel e a frustração com os fracassos sucessivos se tornou insuportável depois de alguns meses, e troquei de médico pela última vez. Encontrei um que combinou com o meu jeito. Seu nome é Dani, e cheguei a ele por indicação de um psicanalista em quem despejava toda a tristeza uma vez a cada quinze dias na época. Com ele fiz várias outras tentativas, algumas com técnicas experimentais, resultados de estudos de que ele tomava conhecimento, mas que ainda nem estavam em uso. Numa das últimas rodadas de procedimentos in vitro, uma das medidas para tentar vascularizar um pouco mais o colo do útero e garantir o "encaixe" dos embriões era colocar um comprimido de Viagra na vagina nas duas noites anteriores à implantação.

Desde que comecei essas tentativas ultratecnológicas, foram muitas as alterações de humor, causadas tanto pela ansiedade quanto pelos hormônios injetados, engolidos em forma de pílulas ou colados na pele, e outras violências do tipo. Certa vez, num sábado à noite em Washington, briguei com uma garota no trânsito por uma vaga de estacionamento. A preferência era nossa, mas ela impediu que parássemos, postando-se no meio da rua para esperar o namorado dar a volta no quarteirão com o carro. Quando, aos gritos, lhe pedi que saísse, ela fingiu atender um telefonema. Desci do carro, a discussão esquentou e uma empurrou a outra. Estávamos numa ladeira. Eu, de tênis; ela, de salto alto e minissaia. Levou a pior.

Pelo espelho retrovisor do carro, Sérgio viu uma mulher caída de costas, com as pernas para cima, a calcinha à mostra, a camisa branca toda suja de água de sarjeta. Um pastelão, não fosse o namorado, já atrás do nosso carro depois da volta no quarteirão, que largou o volante e veio correndo, batendo na nossa janela e gritando, furioso: "FBI!!! FBI!!! *Open the door*!". Sendo Washington uma cidade em que a maioria dos habitantes é formada por funcionários públicos, poderia bem ser verdade, embora ele não tivesse mostrado nenhum distintivo nem arma.

Voltei para o nosso carro alugado, bati a porta e subi o vidro da janela. Sérgio fez o mesmo, impassível atrás do volante, seguindo em frente, sem dar atenção para o escândalo. Na calçada, atrás da moça sentada na sarjeta, passaram dois homens olhando perplexos para aquela cena grotesca, que podia desandar numa briga feia a qualquer minuto. O namorado, furioso, olhou para eles e disse: "Vocês são testemunhas, vamos todos para a delegacia". Os dois aceleraram o passo enquanto repetiam: "Não vimos nada, *señor*, não vimos nada". Eles pareciam mexicanos, e na hora concluímos que deviam ter agido assim por um código de honra latino-americano, mas não ficamos lá para saber.

O carro era alugado, e foi para a locadora que seguimos então. Devolvemos o veículo e passamos o resto do fim de semana com medo de ouvir alguém bater à nossa porta. Afinal, ele não era do FBI? Não teria anotado a placa? Mas, se tivesse, qual seria o crime?

Uma mulher tinha empurrado outra e sido empurrada de volta, sem que se soubesse quem começara a briga. Só sossegamos quando espiei o papel de locação do automóvel e vi que a recepcionista que nos atendeu tinha se confundido ao ler a carta de habilitação brasileira. No lugar do nome do motorista, escrevera Saul Paul, sua versão para a cidade que expediu o documento. Estávamos salvos — mas naquele dia as alterações de humor saíram do campo do folclore e entraram na lista das preocupações reais.

Noutra ocasião, já no Brasil, tomei o celular da mão de um garoto de uns dez anos que estava ao meu lado num cinema de shopping e não parava de falar durante a exibição. Era uma sessão lotada de um filme de super-herói, no meio de uma tarde de sábado. Sentamos separados, eu e o Sérgio, porque não havia mais dois lugares juntos. Eu mais atrás, ele mais à frente. Fiz aquele ruído universal de "shhh" algumas vezes, depois falei baixo para os meninos que o barulho e a luz estavam me incomodando. Nada. Na quarta vez em que ele pegou o telefone, ligou para uma pessoa e começou a falar, arranquei o aparelho da mão dele e o atirei em direção à tela. Sérgio se lembra de ter imaginado ver um objeto voando e pensado que o 3D daquele cinema era ultrarrealista.

Em seguida, saí correndo, enquanto o garoto gritava: "O telefone não é nem meu, meu pai está aí na porta". Passei na frente da cadeira do Sérgio e fiz sinal para ele vir atrás de mim. Ele veio, sem entender nada. Desci a escada rolante e vi lá em cima uma turma de uns oito meninos que mal batiam no meu ombro, ao lado de um segurança e de um adulto que podia mesmo ser o pai de um deles, apontando para mim: "É aquela ali!". Na época, eu fazia parte do elenco de apresentadoras do programa *Saia Justa*, do GNT, e passei algumas semanas convencendo a cabeleireira e o maquiador a testarem novos visuais, com medo de ter meu rosto reconhecido como o da mulher que rouba e atira celulares de crianças na tela do cinema.

Passamos quatro anos em Washington e já estávamos em São Paulo havia três, sem filhos, quando decidi parar com os tratamentos e dar um fim àquela maneira de tentar ter uma família. Foram sete anos no purgatório da infertilidade. Sete anos em que ou eu levava vida de grávida, com todas as proibições e cuidados, ou me curava de um luto por ter perdido mais uma chance. Passei por muitos exames de sangue com a mesma resposta: negativo. Não engravidei nenhuma vez com tratamentos caros e invasivos. Tinha chegado a hora de desistir.

7. *"The babies are fine"*

Quando comecei a frequentar o consultório do dr. Dani, meu ginecologista até hoje, prestei atenção com interesse quando ele me contou que na Índia havia clínicas como a da dra. Patel, nas quais mulheres que atuam como barrigas de aluguel ficam juntas em uma casa com alimentação controlada, fazendo todos os exames durante a gestação e, se quiserem, cursos de culinária, inglês e costura. Mas tínhamos outra opção em mente.

Na primeira semana de janeiro de 2013, mesmo ano em que minhas filhas nasceram, entramos na fila da adoção. Estávamos nos preparando para isso fazia algum tempo, desde que ficara óbvio que ter um bebê não seria fácil. Para isso eu tinha muitas pessoas em quem me apoiar, muitos conhecidos já haviam trilhado esse caminho e, apesar de não conhecer nenhuma mãe brasileira que tivesse dado o filho para adoção, já conhecia quem tinha adotado, pessoas na família com agregados e filhos adotivos feitos à moda das gerações passadas, sem papelada nem muita burocracia, e amigos muito próximos com famílias com filhos só adotados, ou adotados e biológicos misturados.

E um amigo especial, Edu Graça, um jornalista carioca que mora no Brooklyn, em Nova York, tem uma história curiosa e emocionante: ele é adotado, e sua mãe também. Ficamos muito próximos quando nos conhecemos, ele morando em Nova York, eu em Washington, e nós dois nos encontrando pelo menos uma vez por mês em Los Angeles, para onde viajávamos para entrevistar atores, atrizes e diretores de filmes americanos que iam estrear no Brasil. De cara nos demos bem, foi afinidade à primeira vista. Que só aumentou quando descobrimos que eu e ele falaríamos tanto sobre e pensaríamos mais ainda em adoção.

Em São Paulo, a quantidade de documentos exigidos para entrar na fila da adoção tinha custado ao Sérgio e a mim mais de dois meses de preparação. Além dos certificados negativos criminais, são pedidos vários atestados de saúde e um de algum médico que se comprometa a assinar um documento dizendo que nós dois somos sãos física e mentalmente, ou pelo menos sãos o suficiente para criar um filho — e quem pode responder afirmativamente a essa questão sem titubear?

Para mim não foi difícil, eu já estava em contato com um psicoterapeuta. Mas o Sérgio não fazia análise havia décadas. Como alguém poderia jurar que ele continuava com a cabeça no lugar? Ele partiu em busca dos antigos médicos com quem falara de coisas mais íntimas que os níveis de colesterol e triglicérides, e enfim alguém se comprometeu a dar o atestado. Havia também a questão das fotografias. Deveríamos mandar fotos de nós dois juntos e da casa onde morávamos — fotos em papel, não digitais. Quem ainda tem fotos atuais em papel? Na segunda semana de janeiro de 2013, juntamos tudo o que é exigido de quem quer ter um filho. Demos início ao processo.

No final daquele mesmo mês, Patrícia Campos Mello, repórter especial da *Folha* e minha amiga desde os anos de Washington, quando ela era correspondente do *Estadão*, iria à Índia investigar assuntos de economia, e eu soube que ela estava à procura de mais alguma reportagem para fazer, a fim de aproveitar melhor a viagem. Movida por curiosidade pessoal, mas certa de que o assunto tinha interesse abrangente, sugeri que ela verificasse se havia uma história interessante a ser contada sobre o mundo das barrigas de aluguel. Patrícia foi atrás. Quando voltou ao Brasil, corri à mesa dela com uma única questão: "Dá para encarar?". "Sim", ela disse, enfática. Contou que tinha saído de São Paulo pensando numa matéria de denúncia, mas que ao chegar lá mudara de ideia. "Você teria coragem?", perguntei. "Lógico", ela respondeu. "Então me passa logo esse e-mail."

Minha primeira mensagem para a dra. Nayana Patel foi uma carta longa e sem muita esperança, cheia de perguntas práticas em meio a dúvidas existenciais. Ela me respondeu em menos de 24 horas, mas só esclarecendo as dúvidas práticas. Sim, poderia me ajudar. Havia uma lista de espera, mas ela poderia me encaixar na época das minhas férias. Para começar o tratamento, preparar a "barriga" e transferir os embriões produzidos, o custo inicial seria de 6500 dólares. Se o resultado fosse positivo, os outros pagamentos seriam feitos no terceiro e no sexto mês de gravidez, num total de 25 mil dólares. Se a gravidez não vingasse, para começar de novo seriam outros 6500 dólares. Em caso de gêmeos, o total ficaria um terço mais caro, perto de 31 500 dólares.

A clínica do casal Patel é a mais conhecida da Índia: a médica já foi entrevistada na TV pela apresentadora norte-americana Oprah Winfrey e apareceu com destaque numa reportagem da revista *Forbes*. Quando a procurei, ela já tinha mediado o nascimento de setecentos bebês, em mais de quinhentas gestações — os clientes vinham do mundo todo, sobretudo do Japão, da Austrália, do Canadá e dos Estados Unidos. Até hoje ela divide sua clientela dessa maneira: 40% são indianos, 30% são estrangeiros e 30% indianos que moram em outros países.

A legislação da Índia está sendo revista e a situação atual da chamada "indústria da barriga de aluguel" pode mudar rapidamente. Num país ainda mais burocrático, corrupto e conservador que o Brasil, uma comissão de mulheres foi formada em 1992 para proteger os direitos das indianas, que sofrem com a tradição ultramachista do lugar. E essa comissão decidiu restringir a comercialização da barriga de aluguel de um lado — o dos clientes —, e afrouxar de outro — o das mulheres aptas a servirem de barriga hospedeira.

A lei introduzida pelo Legislativo indiano, prevista para ser votada pelo Parlamento em algum momento de 2016, tenta proibir estrangeiros e indianos expatriados de fazer uso do útero de substituição. E procura ampliar o perfil de mulheres que podem servir como barrigas hospedeiras. Até agora, somente mulheres casadas, entre 21 e 45 anos e que tenham pelo menos um filho podem se candidatar. Esse projeto de lei aceita que também mulheres solteiras, viúvas ou sem filhos possam fazer esse trabalho.

A Suprema Corte indiana quer que a lei deixe claro se a dona do óvulo, no caso de bebês gerados não apenas com o uso de uma barriga de aluguel, mas com o óvulo de outra mulher, também pode ser considerada mãe do bebê. Os juízes dizem que esse tipo de gravidez tem um preço psicológico a ser pago tanto pela criança quanto pela mulher que alugou seu útero, e isso deve ser levado em consideração.

Um único adendo na nova legislação proposta trata do comércio de esperma — cada homem pode fazer um limite de até 75 "doações", não mais que isso. A compra e venda de esperma é livre em vários países do mundo, inclusive em alguns que proíbem a venda de óvulos, com bancos de esperma que exibem, gloriosos, os seus produtos, extraídos de todo tipo de homem, mas sobretudo os jovens altos, claros e com nível superior (perfil mais procurado).

O dinamarquês Ole Schou é perfilado com frequência em revistas de economia e cadernos de negócios dos principais jornais europeus. Ele é dono do maior banco de esperma do mundo, uma empresa chamada Cryos, fundada em 1981. Teve a ideia enquanto fazia MBA em Aarhus, a segunda maior cidade da Dinamarca, e sonhou que estava mergulhado em uma piscina de esperma. Começou coletando seu próprio material, em sessões diárias de masturbação, e guardando em sua geladeira, enquanto pesquisava sobre o assunto. Hoje, exporta para mais de setenta países e já ajudou a produzir mais de 30 mil bebês. São 2 mil a cada ano. Ele se orgulha do que chama de "a nova invasão viking".

A Cryos tem em qualquer momento o equivalente a 170 mil litros de esperma e uma lista de espera com cerca de seiscentos nomes de homens que querem vender seu material genético. Um dos grandes trunfos de Ole Schou é exatamente a lei dinamarquesa, que garante que os doadores sejam anônimos — ao contrário do que ocorre na Inglaterra, por exemplo, e em outros países, que permitem que os filhos gerados por esperma de bancos saibam quem são seus pais biológicos ao completarem dezoito anos. Na Austrália, são as doadoras de óvulos que escolhem as mulheres para quem vender seu material genético, não o contrário. E lá a lei também obriga os pais que usam material genético que não o próprio a contar esse fato para os filhos quando estes fazem dezoito anos.

Nos Estados Unidos, os doadores tanto de esperma quanto de óvulos podem ser anônimos, mas os bancos convidam seus clientes a registrar se tiveram um bebê resultante de uma venda de material genético. Poucos fazem isso.

A assistente social Wendy Kramer, mãe de um garoto gerado com esperma comprado e criado por ela e sua parceira, perto de

Washington, decidiu procurar por meios-irmãos de seu filho e chegou ao impressionante número de 150 garotos e garotas. Chegou a fazer uma reunião com todos e se espantou com a semelhança física entre eles.

Fica em algum lugar entre o machismo e a hipocrisia ver problema no aluguel do útero e na venda de óvulos, mas aceitar sem questionamento a venda de esperma. Entre os argumentos mais comuns está o de que esse mercado promove a exploração de mulheres pobres, que não teriam outra opção a não ser lucrar com sua fertilidade. Sim, dificilmente uma milionária se disporia a vender seus óvulos ou alugar seu útero, processos bem menos prazerosos que a coleta de esperma pelos homens. Mas não se usa esse argumento para ser contra a barriga de aluguel feita nos Estados Unidos. Como se lá fossem as estudantes de Harvard e Yale que engravidassem no lugar de mulheres que não conseguem carregar seus próprios filhos no ventre.

Em uma entrevista que dei para o jornal *Ahmedabad Mirror*, na volta de uma última visita à Índia, em outubro de 2015, falei sobre isso. A pergunta era se eu acreditava que a proibição iminente prejudicaria os estrangeiros e se isso era certo ou errado. Claro que sou contra a proibição para estrangeiros. Sobre ser certo ou errado, minha resposta também me pareceu óbvia: errado. Como poderia ser certo proibir algo apenas para estrangeiros? Muitos senhores ingleses e norte-americanos se tratam de doenças crônicas como câncer ou mal de Parkinson na Índia, onde conseguem pagar melhores médicos e hospitais com menos dinheiro. Quando esteve em Nova Delhi para tratar da burocracia da papelada de Rita e Cecilia, Sérgio se hospedou no hotel Taj Mahal, um dos mais luxuosos da capital, mas de diárias relativamente acessíveis. Ali, entre uma ida ao cartório e outra à embaixada do Brasil, cansou de ver europeus e norte-americanos com as características que denunciam o que os locais chamam de "turismo médico": cabelos finos e máscaras de respiração típicos de quem está passando ou passou por radioterapia ou quimioterapia, alguns deles de bengala ou em cadeira de rodas. Ninguém pensa em proibir esse comércio — nem deveria. Por que tratar de maneira diferente o "turismo da fertilidade"?

Eu já tinha ouvido falar de barrigas de aluguel nos dez anos em que moramos entre os Estados Unidos e São Paulo, nos anos 2000. Não era um assunto de todos os dias, mas volta e meia uma atriz de Hollywood aparecia com um bebê nascido de outra mulher. Nicole Kidman teve sua segunda filha biológica assim, Sarah Jessica Parker ganhou suas gêmeas assim. E, nas conversas com obstetras norte-americanos, essa é uma opção que se apresenta a qualquer casal que sofra para engravidar, assim como entre nós é comum os especialistas brasileiros falarem sobre adoção.

Em alguns estados norte-americanos é permitido comercializar a hospedagem de uma gestação. Também permitem a prática Tailândia, Ucrânia, Rússia, Nepal, Polônia, México e Geórgia. Outros países a proíbem terminantemente, como França, Alemanha, Itália, Espanha, Bulgária e Portugal. No Reino Unido, na Irlanda, na Dinamarca e na Bélgica, ela é permitida, mas o pagamento à mãe de aluguel deve bastar apenas para as despesas básicas. Ou seja, ninguém pode viver disso.

No Brasil, a lei é no mínimo questionável. Proíbe-se a comercialização da barriga de aluguel, mas é permitido que alguém "empreste" o útero, desde que não receba dinheiro em troca. Além disso, até bem pouco tempo atrás um casal só podia recorrer a esse expediente se tivesse um parentesco de primeiro ou segundo grau com a mulher que aceita engravidar. Ou seja, mães podem ser hospedeiras de embriões de filhas, e vice-versa, assim como irmãs, primas e tias entre si. Eu não tinha a quem pedir esse favor. Mesmo que tivesse, não o faria. Essa não é uma questão que eu teria disposição para resolver por meio de um favor, ainda mais *esse* favor. Seguir uma regulamentação, fazer tudo dentro da lei e poder conhecer as regras de antemão era uma segurança que eu precisava ter. Queria uma família, estava disposta a fazer um grande esforço e investir nisso um dinheiro que nem tinha, mas não pretendia formar uma quadrilha.

A legislação do nosso país também está mudando. Já é possível conseguir uma autorização para que mulheres sem parentesco emprestem sua barriga, desde que não ganhem nada por isso. O bebê é registrado em nome da mãe de aluguel e depois ocorre a transferência legal para os pais biológicos. Se a gestante é casada, a primeira certidão pode trazer o nome do seu marido, não do dono do esperma, como pai do bebê.

Recentemente, porém, algumas decisões judiciais têm facilitado o registro de bebês gerados por barriga de aluguel, e pais biológicos têm conseguido registrar seus filhos já com o nome deles, sem menção à gestante e sem ter de mudar o documento depois. De várias pessoas a quem contamos como tivemos nossas filhas, ouvimos a mesma pergunta: "Vocês não tiveram medo de que a indiana não quisesse entregar as meninas?". Não existe tal hipótese onde a "locação de útero" é regulamentada por lei: os pais seríamos nós, desde sempre.

Na Índia, a barriga de aluguel foi legalizada em 2002 e movimenta 1 bilhão de dólares por ano. O custo mais baixo, aliado à alta tecnologia disponível, fica ainda mais atraente graças à legislação em vigor do país até agora. A mãe de aluguel não tem nenhum direito sobre o bebê. A criança é reconhecida com a nacionalidade dos pais biológicos.

Assinamos um contrato de várias páginas garantindo isso. É o único documento em que aparece o nome da Vanita, e foi firmado antes mesmo de sabermos se e quantos filhos teríamos. As certidões de nascimento indianas das meninas trazem apenas os nossos nomes como pais, assim como as certidões definitivas brasileiras obtidas na embaixada em Nova Delhi e os passaportes delas.

Além disso, eu só queria ter um filho, ou uma filha, e não mudar uma lei. Não era assim que iria enfrentar o meu problema. Mas também não dispunha dos 100 mil dólares do preço inicial que exige um procedimento desses nos Estados Unidos, país que conheço bem e onde saberia me virar melhor. Na Tailândia, soube depois, o valor gira em torno de 52 mil dólares. Na Ucrânia, na Geórgia e no México, fica entre 40 mil e 50 mil dólares.

Não fizemos "pesquisa de mercado": a clínica da dra. Nayana seria a única tentativa que faríamos fora do Brasil. Já havíamos nos inscrito na fila da adoção, tínhamos certeza de que dentro de algum tempo teríamos nosso filho, fosse ele quem fosse e não importava por qual método. Mas estávamos impacientes, cansados de esperar.

Então decidimos ir à Índia pela primeira vez. Era março de 2013, e a ideia era aproveitar o período de férias para fazer uma escala de 24 horas em Anand. Nessa primeira parada, conhecer pessoalmente a dra. Nayana e seu marido, dr. Hitesh Patel, e ser apresentados a Vanita, Sandip e o filho deles, Aarav. Ela já tinha sido escolhida para ser nossa barriga de aluguel e a dra. Nayana faz questão de que os pais se encontrem antes que o bebê de um casal comece a crescer na barriga da outra. Foi tudo muito rápido, sem tempo de reflexão. Há uma única foto deles dessa visita, no celular do Sérgio, na qual aparecem apenas ela, o marido e o filho. Poderíamos desistir até o fim do mês, quando a dra. Nayana nos diria quantos bons embriões teríamos conseguido e anunciaria o dia da colocação deles no útero dela. O corpo da Vanita também seria preparado com injeções de hormônio para que ficasse pronto para a gravidez.

Eu já estava em contato com a médica indiana havia três meses, e, com o apoio do dr. Dani, fizemos a preparação em São Paulo e a coleta do material genético na Índia. Tratamentos de fertilidade no mundo inteiro seguem um protocolo muito parecido. Para estimular a ovulação, as mulheres tomam hormônios sintéticos, que imitam os reais, em cápsulas ou em injeções na barriga durante o começo de um ciclo menstrual, para garantir que produzam a maior quantidade possível de óvulos.

Então, com exames de sangue que indicam a presença dos hormônios que aumentam nessa fase e ultrassons que mostram o crescimento dos óvulos, determina-se o momento de retirada, em geral no 14º dia do ciclo. A coleta para os homens é bem mais simples e não tem nenhuma preparação, basta um lugar com porta fechada e uma revista ou vídeo de pornografia, para quem precisa de estímulos visuais.

O transporte de embriões é relativamente simples, e muitos pacientes da dra. Nayana preferem levar para a Índia os seus já prontos, produzidos em seus países, com seus médicos de confiança. Eles são congelados e carregados em um tubo com nitrogênio líquido, do tamanho de uma garrafa de cerveja de um litro. A prática é permitida pela lei, mas exige um visto médico e que se declare na alfândega o transporte, o que complica bastante a vida de quem viaja.

Outros casais preferem fazer todo o tratamento em Anand, com a dra. Nayana, desde a estimulação do corpo com hormônios até a coleta, para evitar que seja preciso congelar o material genético. Mas isso pode demorar um ou mais ciclos de catorze dias de duração, no caso de não se produzirem bons óvulos na primeira tentativa. O jeito híbrido, que preferimos, diminui o estresse e o tempo de viagem da primeira vez.

Fizemos apenas uma tentativa, com dois únicos embriões. E seguimos de férias. Primeiro Paris, depois Istambul, num grupo de quarenta pessoas convidadas por um amigo querido e generoso, que queria comemorar seu aniversário de cinquenta anos em grande estilo. O último dia da nossa viagem, por coincidência, era a data marcada para o teste de gravidez de Vanita. Acordamos no hotel em frente ao Bósforo, no lado asiático da maior cidade da Turquia, e nos pusemos, os dois, a checar os e-mails. Nada. O fuso horário entre Istambul e Anand é de apenas duas horas e meia, dava para telefonar, *no problem.*

A dra. Nayana atendeu e logo nos deu os parabéns. "O resultado do exame de gravidez da Vanita foi positivo. Vocês estão esperando um bebê." Sem saber o que fazer com a notícia, chamamos para o quarto o Dênis, meu melhor amigo, e a Ana, minha irmã, que estavam na viagem. Pedimos a ajuda deles para manter segredo nas tais doze primeiras semanas, apesar de nós mesmos não termos conseguido ficar de boca fechada. Mas a história era muito improvável para contar sem detalhes e muito comprida para contar inteira. Eu não estava livre da maldição do segredo, nem a fim de pôr em prática minha desconfiança de que essa é uma superstição idiota, feita para mascarar o desconforto que se tem para falar sobre esse assunto.

Descemos para a última noitada turca. Em homenagem ao aniversariante, um de nós cantou, outro declamou um poema, uma puxou uma dança de roda. A cada gesto, de qualquer pessoa, eu intimamente agradecia a deixa para poder demonstrar minha emoção e chorava. Primeiro de alívio, depois de aflição, então de alegria, por fim de medo. Fiquei a noite inteira com a mesma taça de champanhe na mão, me sentindo bêbada e fingindo um pouco, para justificar a falta de assunto e de apetite, além do olho vermelho e borrado.

De volta a Paris, passamos muitas horas encarando as ripas de madeira escura no teto do nosso quarto do hotel. Três dias depois da notícia, chegou um exame de confirmação. O número do hormônio da gravidez tinha dobrado. Mandei uma mensagem para a dra. Nayana: "Podem ser dois bebês?". "O número está bom", ela respondeu. Ela mantinha a praxe dos e-mails sem respostas objetivas, que me atormentariam pelos próximos sete meses e meio.

Os procedimentos jurídicos que envolvem esse tipo de fertilização são minuciosos. Antes que qualquer material humano seja coletado, o casal que contrata os serviços da dra. Nayana passa pelo escritório de um advogado, ao lado da clínica. Lá, assina diversos documentos e precisa prever situações sobre as quais, imagino, a maioria dos casais que engravidam não precisa pensar antecipadamente. O que acontece com o bebê se o casal se separar? E se um dos dois morrer? E se os dois morrerem? E se a criança tiver algum defeito físico ou mental? E se o problema for diagnosticado antes do nascimento?

Indicamos nossos pais, à revelia deles, como os responsáveis pela criança em caso de morte do casal. Até aí, tudo bem. Essa era a parte fácil. A difícil, relativa a problemas congênitos, resolvi internamente, ponderando que cada momento tinha sua carga dramática, e que a daquele dia era assinar os papéis. Mantive segredo a respeito dos bebês até o quinto mês. Só então essa história toda fez algum sentido. As mulheres grávidas nunca precisam contar que estão grávidas. Fica óbvio, a barriga aumenta de um jeito que só acontece quando há um bebê lá dentro. Talvez o que esteja por trás dessa superstição sem sentido, que só faz quem tenta engravidar se sentir mais solitária, é que revelar ou esconder uma gravidez é inútil. Ela se revela por si só. Mas no meu caso, apesar de estar pronta para ser mãe havia muitos anos, e com dois bebês ficando cada dia maiores, minha barriga continuava dentro da roupa.

Em maio desse mesmo ano, antes que a gravidez da Vanita completasse o primeiro trimestre, recebi um telefonema da Vara da Infância e da Juventude, chamando a mim e ao Sérgio para uma reunião com outros membros do grupo que tinham entrado na fila da adoção no mesmo período. Decidimos participar. Tínhamos os medos que imagino que todo mundo tem quando pensa em adotar: e se o envolvimento com a burocracia brasileira for uma experiência horrível? E se houver corrupção? E se não nos apaixonarmos de cara por uma criança? E se todos eles forem filhos de pais alcoólatras, drogados, com problemas mentais? E se o drama for maior do que temos capacidade de enfrentar?

A reunião, num prédio novo do centro de São Paulo, perto do Fórum João Mendes, tratou de nos deixar ao mesmo tempo calmos e envergonhados — pela ansiedade irrealista com que chegamos lá. Claro, havia também o fato de que estávamos, nesse momento, já torcendo para que a adoção não precisasse dar certo para nós, completamente envolvidos com a ideia de que nossos bebês à distância fossem nascer. Mas loucos para que a experiência fosse razoável — razoável já era ótimo para nós àquela altura. O que eu não esperava era o tanto que acabei aprendendo naquela tarde, coisas que pusemos em prática na nossa vida com as meninas. Uma delas, talvez a lição mais importante, foi fazer a história de como elas chegaram a nós ser o mais normal possível, sem segredos nem tabus.

Os organizadores da reunião, uma juíza excelente e assistentes sociais experientes e carinhosos, deram a dica de fazer um álbum de fotos do primeiro ano da criança na sua nova casa, com imagens do abrigo, no caso dos adotados, das crianças com quem ela convivia antes, dos pais biológicos, se teve acesso a eles, assim como dos primeiros tempos na casa da nova família. E deixar esse álbum na sala, ao alcance das mãos. Assim, a criança cresceria vendo sua história em imagens, e os pais nunca precisariam ter uma conversa séria em que revelam ao filho de onde ele veio. Acabamos não nos tornando pais adotivos, como era nossa pretensão inicial, mas resolvemos seguir o conselho do álbum de fotos. Ele está na sala, para que nossas filhas o folheiem se e quando quiserem.

Algum tempo depois, um novo telefonema da Vara de São Paulo. Era preciso marcar uma nova reunião, dessa vez com psicólogos, que viriam até a nossa casa nos conhecer melhor e conversar com nós dois juntos. Mas a essa altura o primeiro trimestre da nossa gravidez indiana já estava concluído, e o risco de um aborto era cada dia menor. Avisei que não continuaria na fila da adoção, e decidi explicar por quê. A assistente social que me ligou foi gentil, mas não quis ouvir a explicação, tinha outras reuniões para agendar. Disse apenas que não havia problema, que ninguém deve adotar uma criança por dó ou por culpa, e que ia tirar nossa ficha do arquivo. O último capítulo dessa trama foi o único sem doçura alguma. Recebemos em casa dias depois um envelope timbrado onde estava escrito apenas INTIMAÇÃO. Dentro, o parecer de uma juíza dizia que ela considerava que tínhamos desistido da adoção. Senti uma sensação que já conhecia, de um teste de gravidez com resultado negativo. Dessa vez, no entanto, era, sem dúvida, por culpa minha.

Até Vanita completar quatro meses de gestação, mesmo depois da confirmação de que eram dois bebês, não contamos nada para quase ninguém. Nosso acordo foi que não deixaríamos que o fato virasse um boato antes de nós mesmos darmos a notícia. Mas não cumpri esse combinado à risca. Antes ainda daquela primeira parada em Anand, já tinha falado para algumas pessoas sobre o que íamos tentar fazer lá.

Tanto eu não acreditava que algo tão exótico pudesse dar certo que contei a alguns amigos, mais para ilustrar o quanto nossa vontade de ter filhos era verdadeira. Depois, quando deu certo, passei a disfarçar quando me perguntavam sobre o assunto, e logo o código de silêncio estabeleceu-se. Se eu não falava nada, devia ser porque não tinha dado certo. Então me escondi atrás da superstição, e os meses foram passando sem que surgisse o momento ideal de contar.

Chegou junho de 2013 e aconteceram os protestos que encheram as ruas do Brasil de gente. Quis ir a uma das manifestações para testemunhar o movimento, mas achei que poderia ser imprudência. Eu estava esperando gêmeos, mas ninguém ia me deixar passar na frente nem me proteger de nada. A violência da polícia num dia e dos *black blocs* no outro me fez ter mais medo que curiosidade, e assisti a tudo da TV.

Duas colegas da *Folha*, Lulie Macedo e Fernanda Mena, engravidaram mais ou menos ao mesmo tempo que Vanita. Para elas contei antes que para as outras pessoas. Criamos um grupo de troca de informações de mães de primeira viagem e Lulie, a que teria bebê primeiro, ia anunciando as próximas datas importantes.

Meu pré-natal foi todo feito por e-mails, que chegavam uma vez por mês com resultados de exames e fotos de ultrassom, junto com a mesma mensagem lacônica da dra. Nayana: "*The babies are fine*", os bebês estão bem. Assim mesmo, sem "Oi, tudo bem" no começo, nem uma despedida no final, muito menos a data do próximo e-mail. Era uma angústia, que eu engolia um pouco por falta de opção, um pouco porque "*the babies are fine*" me servia como um mantra. Cada vez que ouvia falar de um novo teste ou um novo risco, lembrava sozinha, em silêncio, que "*the babies are fine*".

Levava os e-mails todos para o dr. Dani, que fez um pré-natal extra, à distância, com perguntas que eu mandava para a médica. Eu sabia mais ou menos o que esperar, em grande parte por causa da consultoria das minhas colegas. Não tendo engravidado de fato, decidi que não ia enlouquecer tentando controlar o que estava tão completamente longe do meu alcance. Li um só livro sobre grávidas e seguia os boletins de um aplicativo de gravidez de gêmeos no celular antes de dormir.

Um dia, no final de agosto, Lulie me disse, categórica: está na hora de comprar os berços. As lojas de móveis de bebês nem sempre têm fábrica própria e precisam encomendar os produtos, que demoram até oitenta dias para ser entregues. De repente, isso se tornou urgente para mim, porque eu não sabia com certeza se ainda tinha três meses antes de os bebês nascerem. A data final da minha gravidez terceirizada era 21 de dezembro. Se os berços atrasassem e o nascimento adiantasse, havia o risco de os bebês chegarem em casa antes dos móveis.

Escolhi dois berços de madeira numa loja de Pinheiros, zona oeste de São Paulo, depois de fazer uma ronda pelas lojas mais finas da rua Gabriel Monteiro da Silva e ter vários ataques de pão-durismo. Como um berço pode custar 7 mil reais? Nessa loja de Pinheiros achei mais ou menos o que queria e enfrentei uma situação pela qual nunca imaginei que fosse passar. Quando disse à vendedora que estava esperando gêmeos e tinha certa urgência porque a gestação já entrava no quinto mês, ela passou a me tratar como uma grávida de cinco meses, com dois bebês na barriga.

Correu para pegar uma cadeira, trouxe água e me alertou para os riscos de uma desidratação na gravidez. Contou que no segundo trimestre, em que eu estaria, é comum as mães sentirem mais energia e às vezes abusarem da sorte, achando que pintar o quarto elas mesmas ou montar os móveis sozinhas pode ser uma boa ideia. "Não faça isso, não é hora de se arriscar, você tem que prezar o bem-estar dos seus bebês", ela me disse. Perguntou o sexo deles, eu disse que não sabia e quase arrisquei explicar por quê, mas não tive tempo. "Gêmeos é mais difícil mesmo de ver, mas logo mais você descobre."

Se eu tinha menos de três meses para encomendar os móveis, estava na hora de revelar essa história ao mundo. O tempo havia sido mais veloz que minha convicção contra a cultura do segredo, e parecia que já era quase tarde demais. Eu queria usufruir de toda a minha licença-maternidade e tentar emendar com férias, para ficar com os bebês o maior tempo possível. Combinei com o Sérgio que contaríamos no mesmo dia para os nossos chefes. Ele conseguiu marcar a reunião antes que eu, e logo depois do almoço passou na minha mesa com uma nova expressão no rosto — estava contente, e não precisava esconder o motivo.

A notícia que ele deu tinha sido recebida com espanto e curiosidade, mas também com muita alegria. Quando consegui um tempo com minha chefe imediata, contei a ela e o clima foi de festa. Ela me perguntou quem já sabia, eu disse que quase ninguém, e ela me instruiu a tirar o resto do dia de folga só para dar a notícia. Queria comemorar, e precisava que todo o mundo estivesse junto.

Meu pai e minha irmã, meus familiares mais próximos, já sabiam. No começo, ele pareceu não querer se iludir com a notícia, como se tentasse se proteger dela caso não fosse mesmo verdade. Quando viu que ia acontecer, que seria mesmo avô de dois de uma vez, passou a tentar ter algum controle da situação. Primeiro, quis que mandássemos trazer a Vanita para São Paulo, para que ela desse à luz aqui. Depois, se ofereceu para mandar a funcionária dele, dona Ana, que tinha sido enfermeira da minha mãe e nunca mais deixou de trabalhar com a família, como parte da nossa equipe de suporte. Por fim, convidou um amigo de Uberaba, o Junior Borges, que se encantou com a história e viu na barriga de aluguel uma solução para o seu próprio caso, já que era casado havia quase vinte anos e não tinha filhos. Mas o Junior e sua mulher optaram por não ir. No final, quando nada do que ele propunha dava certo, meu pai se ofereceu para comprar as passagens de ida a volta e pagar toda a estadia no hotel de presente para os bebês que iam chegar de tão longe.

Aos amigos, contamos reunindo alguns em um jantar na casa do Dênis, outros na nossa casa em uma noite com drinques. Meu amigo João Bocaletto, que também é meu cabeleireiro, deixou meu cabelo mais vermelho do que nunca numa tarde de sábado em que resolvi ir ao salão para duas coisas: tingir a raiz e contar que seria mãe. Conversamos tanto sobre como tudo tinha acontecido até ali e o que eu esperava dos próximos meses que deixamos a tinta por umas boas horas a mais do que o necessário. Saí de lá ruivíssima.

Algumas pessoas convidei para almoçar, outras para jantar, e no final cheguei às amigas da minha mãe. Para essas, contei por e-mail. Assim como para o resto da família. Pedi ajuda aos mais próximos, que eles contassem para os que encontrassem, e logo estava quase todo mundo sabendo. Ninguém saía da conversa do mesmo jeito que tinha chegado, e ver a transformação era fascinante no começo. Depois, passei a sentir na pele o drama das atrizes que entrevistava quando eu morava nos Estados Unidos, que tinham de contar a mesma história inúmeras vezes quando divulgam um filme, sem perder o entusiasmo e ainda arrumando uma maneira de a mesma resposta, a mesma emoção, parecer nova de novo.

Voltei à loja de móveis uns quinze dias depois para mostrar ao Sérgio o modelo que tinha escolhido, e a vendedora repetiu a cena. Eu estava de calça jeans *skinny* e regata listrada, mas, para ela, eu era uma grávida de gêmeos, no quinto mês. "O ar da cidade está muito seco, deixa que eu mostro os berços ao seu esposo e você fica aqui sentada." "Esposo" é uma palavra muito engraçada, fazia muito tempo que eu não a ouvia. Ela trouxe um banquinho para eu apoiar os pés e o catálogo da loja, para que escolhesse a cômoda do quarto sem ter que caminhar pelos dois andares. "Já descobriu o sexo?", perguntou. "Está na hora de voltar para o pilates", pensei. A inquietação com minha forma física foi logo ofuscada pelo mantra que me manteve sã naqueles meses. "*The babies are fine.*"

8. Arranjado ou por amor

Rita e Cecilia completaram quinze dias e receberam visitas e presentes: dois pijamas, dois ursinhos de pano, dois brinquedos de corda e uns periquitos movidos a pilha que cantam quando alguém bate palma perto deles ou aperta um botão. Foram trazidos por Vanita, Sandip e Aarav, na primeira visita da família dela à minha, em nosso hotel. O amigo deles, motorista de *tuc-tuc*, também veio e ajudou a montar os periquitos, que chegaram em vários pedaços e sem pilha, que Sandip, prevenido, trouxe em uma sacolinha. Os indianos ensinavam ao Sérgio como o brinquedo funciona enquanto Vanita conhecia as meninas que cresceram na sua barriga.

Num quarto de hotel é difícil experimentar ou proporcionar um ambiente reservado: se eu quisesse deixá-la a sós com as bebês, ou pelo menos com uma delas, seria preciso me fechar no banheiro.

Assim que ela entrou no quarto, coloquei a Cecilia em seu colo. Ela ficou de pé, olhando para a menina em seus braços e depois para a Rita, nos meus. Sorriu e disse alguma coisa a Sandip, mas ele estava ocupado com os periquitos de plástico e não pensou em traduzir. Ela me olhou como quem diz, com cumplicidade, "meninos e seus brinquedos, não dá para competir". Fiz cara de quem concorda. Em seguida, trocamos de bebê. Sentei na cama, peguei a Cecilia dos braços dela e entreguei a Rita.

Vanita tem um jeito diferente do meu de acomodar um bebê nos braços. Com uma mão, segura de uma axila a outra, por baixo das costas. Com a outra, apoia a bundinha. O que sobra entre uma mão e outra, assim como a cabeça, fica sem apoio, mas o bebê se curva um pouco mais para dentro e parece ajeitado. E ela não tensiona tanto as próprias costas quanto eu, que quase cruzo os braços quando seguro um bebê no colo.

Com a Rita nas mãos, Vanita senta na cama, cruza as pernas e deita a menina no triângulo formado pelas suas coxas, embaixo do ventre. Rita parece gostar da posição e dorme na hora. Ofereço Cecilia de novo e Vanita estica os braços, aceitando. Fica com as duas acomodadas entre as pernas, cada uma com a cabeça apoiada em um lado do quadril e as perninhas apontadas para o meio do triângulo. Cecilia, que quase nunca abre os olhos, olha muito para ela. Sem querer interferir, viro para os meninos e me dedico a entender como funciona o brinquedo novo e a decidir onde ele será colocado, para ganhar destaque. O quarto de hotel fica com um ar mais tropical do que antes.

Eu e Aarav somos os mais acanhados no encontro, não sabemos direito o que fazer com as mãos, e percebo que tanto ele como eu não queremos nem ficar grudados nem muito longe de Vanita. Resolvo o problema dele dando-lhe dois bombons em vez de um. Depois pego um tubo de creme hidratante e passo três ou quatro camadas nas mãos. Preciso de uma ação qualquer. De noite, na hora do banho, Rita quase voa quando tiro a roupa dela, de tão besuntadas que estão minhas mãos.

Antes de ir embora, Vanita repete o que disse a Sandip. É uma pergunta para mim. Ela quer saber se fiquei mesmo feliz de ter tido duas meninas. Digo que sim, que não me importava com o sexo. Ela parece aliviada, diz que tenho sorte de não ser indiana, e minhas filhas também. "Mas elas são indianas", respondo. "Não como eu", ela diz.

Vanita me conta que sempre soube que seria mãe. Não chegava nem a ser um sonho, e sim uma verdade que ela via acontecer dia após dia com as meninas de sua vila e de sua família. O que ela queria mesmo era ser independente e viver um romance. Vanita se formou em sânscrito, fez curso técnico e sonhava ser professora. Casar, ter filhos e uma vida em família faziam parte do seu plano, mas ela tinha mais ambições. As coisas não aconteceram como ela planejava.

Apesar de o casamento arranjado ser uma realidade na Índia, as meninas sonham com um casamento por amor. E torcem por uma combinação das duas coisas: casamento arranjado por amor. Acontece quando um casal jovem se conhece e se apaixona, e as famílias entram em acordo. É uma combinação rara, mas que tem ocorrido cada vez mais, já que os costumes estão mudando com rapidez, se ocidentalizando, e os mais velhos têm feito um esforço para aceitar os amores dos mais jovens.

E, o mais importante, as famílias de hoje em dia esperam um pouco mais até falar em casamento com os filhos. Antigamente, os pais de adolescentes já procuravam cônjuges para eles. Agora, deixam que os filhos cheguem pelo menos aos vinte e poucos anos. Segundo me explica o sr. Uday, é raro um pai ter que se preocupar de fato em encontrar um marido ou uma mulher para seus filhos. "Os vizinhos fazem esse trabalho para você", ele conta. Nas festas de casamentos, batizados ou encontros entre amigos, um dos assuntos mais comuns é a idade dos filhos e com quem eles poderiam se casar. Esse debate constante gera pretendentes quase naturalmente. E, se nada acontecer e pais ou filhos ficarem aflitos, os anúncios de jornal são perfeitamente aceitáveis.

Vanita não trilhou esse caminho. Ela nasceu em uma vila perto de Anand e sua família é proveniente de uma casta elevada, os Rajput, que eram donos de terra e tinham muito poder. Mas, já há algumas gerações, alguns Rajput, entre eles os ancestrais de Vanita, perderam a terra, o poder e foram rebaixados. Hoje pertencem a uma casta intermediária — nem dalits, nem de casta baixa ou alta. O termo oficial é "*other backward castes*" (OBC), ou "outras castas desfavorecidas".

Nesse cenário, as mulheres têm duas certezas na vida, que parecem contraditórias. A primeira é que são um peso para suas famílias, porque os pais vão precisar pagar um dote quando se casarem. A outra, que a melhor saída é um bom casamento, já que as mulheres passam a viver com a família do noivo depois de casadas. Para sempre.

Ou seja, um bom casamento indiano não significa apenas encontrar um marido amável, mas também uma sogra com quem seja viável dividir o resto da vida. O sr. Uday disse muitas vezes durante minhas viagens à Índia que uma mulher precisa procurar um marido que lhe dê apoio. "Financeiro, em primeiro lugar, mas também emocional, para que você possa viver uma vida plena."

O casamento entre pessoas da mesma família é proibido, e muito complicado entre pessoas de castas diferentes. É difícil fazer com que a família de casta mais alta aceite os modos da família de casta mais baixa. E as brigas entre famílias, ou, mais especificamente, entre sogras e noras, são comuns e chegam muitas vezes à violência física. E até à morte. Existe inclusive um termo em inglês para isso, que os jornais e artigos de estudiosos usam desde os anos 1970, "*bride burning*", ou "queima de noivas".

Para disfarçar o assassinato de uma nora que não se entende com a sogra, ou de uma noiva cuja família não dá o dote que o marido exige, o crime é feito de maneira que pareça um acidente no fogão. Um estudo de 2009, divulgado pela revista científica britânica *The Lancet*, afirma que a cada ano 100 mil mulheres indianas morrem queimadas, encharcadas de querosene, no país. A grande maioria delas está nos primeiros anos de casamento e tem entre quinze e 34 anos.

O patriarcado extremo é difícil de engolir, mas o sistema de castas é ainda mais complicado de entender. Todo indiano pertence a uma casta, é como se fosse uma tribo, ou uma raça: quem nasce em uma não sai dela nunca. Não tem a ver com dinheiro, nem é algo exclusivo dos hindus, mas as duas coisas estão misturadas em sua origem. Hoje, nas grandes cidades, muitos jovens nem sabem qual é sua casta e nunca falaram sobre isso com seus amigos nem com suas famílias. Mas fora de Nova Delhi e Mumbai essa é a realidade da Índia.

Segundo a tradição, os filhos sempre seguem a mesma profissão dos pais e todos se casam com pessoas da mesma casta. Assim, a identidade é mantida. Como tudo na Índia envolve uma quantidade imensa de pessoas, as castas hoje em dia têm várias profissões associadas a elas. A elite indiana é formada por três grupos: os brâmanes (religiosos e mestres que teriam nascido da cabeça do deus Brahma), no topo da pirâmide; abaixo deles estão os xátrias (guerreiros, governantes, reis); e em seguida os vaixás (comerciantes). Esses grupos se subdividem em milhares de castas e subcastas. Os trabalhadores braçais, chamados shudras, são de casta baixa e servem à elite. Abaixo de todos eles, encarregados dos serviços considerados mais impuros, estão os intocáveis, ou dalits, termo que eles preferem e que significa “oprimidos”.

Se o sistema de castas atrapalha a mobilidade social, ele “serve”, segundo o hinduísmo, para garantir que um indivíduo cumpra sua missão na vida, ou seja, o seu carma. Funciona mais ou menos assim: você nasce na casta em que mereceu nascer, e merece o que tem nesta encarnação por causa do que fez na encarnação passada. Se cumprir seu destino, terá sido uma boa pessoa. Quando morrer, reencarnará em uma versão melhor, ou seja, em uma casta mais alta. Portanto, os brâmanes não são apenas pessoas que nasceram em boas famílias, eles foram reencarnados em boas famílias porque fizeram por merecer isso, em outra vida. E os intocáveis, ou dalits, estão pagando o preço por algo que fizeram na outra encarnação. E, se não pagarem, serão condenados a voltar em uma próxima vida pior ainda.

Por essa descrição, parece que está todo mundo conformado com o seu destino, mas não é o que acontece. Há uma enorme disputa entre as castas e todas têm uma versão fantasiosa de como surgiram. Alguns grupos dalits acreditam que são descendentes do deus Shiva e tiveram sua posição na hierarquia indiana rebaixada por acidente, ou por terem sido enganados por um dos milhares de deuses hindus.

A origem do sistema de castas não é conhecida com exatidão, mas os livros de história da Índia costumam situar a organização da sociedade dessa maneira no período chamado védico, entre os anos 1500 a.C. e 600 a.C. O primeiro homem público a se revoltar com essa tradição foi o príncipe Siddharta Gautama, o Buda, que viveu entre os anos 563 e 483 a.C. Gandhi, por outro lado, apesar de ter lutado pela independência do país (e ter seu rosto estampado em todas as notas de rupia), não é tão adorado pelos dalits, porque nunca se opôs a essa forma de dividir as pessoas. Ao contrário, ele achava que as castas facilitavam a vida em sociedade. Gandhi lutava pelo fim da discriminação contra os intocáveis — limpava privadas para dar o exemplo —, mas acreditava que mexer no sistema de hereditariedade poderia levar a mais confusão.

O herói dos dalits é um nome pouco conhecido fora da Índia, Bhimrao Ambedkar (1891-1956), considerado quase um deus. Sua imagem — um homem de óculos de aro redondo, de terno e gravata — é comum em todo o país, e está sempre cercada de flores e velas. Ele foi o primeiro dalit a estudar no exterior — fez mestrado e doutorado em economia na Universidade Columbia, em Nova York, com uma tese sobre comércio na Índia da Antiguidade. Depois terminou sua formação na Inglaterra, na London School of Economics, com um estudo chamado "O problema da rupia", sobre a moeda indiana.

De volta à Índia, Ambedkar se viu cheio de diplomas e sem trabalho — ainda era um intocável em seu país. Decidiu entrar em guerra contra o sistema que o oprimia e liderou uma manifestação pela liberação da água dos tanques públicos para uso dos dalits. Seu nome ficou conhecido e ele foi nomeado o primeiro ministro da Justiça de seu país. No cargo, introduziu a política de cotas para dalits e indígenas que é mantida até hoje em escolas e no serviço estatal — sim, há indígenas na Índia; são os adivasis, 84 milhões de pessoas divididas em 461 grupos étnicos considerados descendentes dos habitantes originais daquele país. De família hinduísta, Ambedkar se converteu ao budismo em 1956, um mês antes de morrer. Nesse tempo, viu um grande número de dalits optar pela troca de religião.

O sobrenome de casada de Vanita é Macwan, nome de família de Sandip. O de solteira era Rathod. O nome dele não soa indiano por uma razão simples: não é para soar indiano. Quando a família de Sandip se converteu ao catolicismo, algumas gerações atrás, adotou o nome do padre, provavelmente escocês, que os batizou. O nome original é uma "indianização" do sobrenome McEwan. Muitos padres ingleses, escoceses e irlandeses foram para a Índia durante o período do Império Britânico. Padres portugueses fizeram o mesmo a partir do século XVI, quando Goa, estado da costa oeste, passou a ser colônia de Portugal.

Era para lá que Pedro Álvares Cabral (1467-1520) rumava quando chegou ao Brasil por acidente, em 1500. Sua frota tinha como meta chegar à Índia, ou às Índias, como os portugueses gostavam de dizer, depois que Vasco da Gama descobriu como contornar o mar Mediterrâneo e chegou à costa indiana navegando ao redor do continente africano, pelo oceano Atlântico, até atingir o oceano Índico e desembarcar em maio de 1498. O plano era dominar o comércio de especiarias, sobretudo cravo, canela, gengibre, açafrão e pimenta. Mas a tropa de Vasco da Gama, que tinha poucos homens e embarcações, falhou na parte comercial da viagem, e o rei português d. Manuel I mandou uma nova frota, com treze navios e mais de mil homens, comandada por Pedro Álvares Cabral, no ano seguinte.

Cabral — ou algum marinheiro que estava na proa naquele momento, ninguém sabe ao certo — disse "terra à vista" e chamou os nativos brasileiros de índios até descobrir que estava no lugar errado. Então ficou dez dias por aqui, na região de Porto Seguro, litoral sul da Bahia, pediu que fosse rezada uma missa, fincou a bandeira portuguesa e seguiu viagem. Os portugueses foram os primeiros europeus a chegar à Índia e os últimos a sair. Os ingleses saíram em 1947, quando foi declarada a independência do Império Britânico. Mas os portugueses continuaram no país até 1961, quando 30 mil soldados foram mandados a Goa, forçando a rendição.

Os portugueses queriam colonizar os indianos culturalmente, transformando-os em católicos. Há muitos indianos na região de Goa com sobrenomes como Pereira, Oliveira e Figueiredo, por exemplo. Como a atriz Freida Pinto, de *Quem quer ser um milionário?*. A palavra "casta" ("*caste*", em inglês) tem origem portuguesa. Assim como *chai*, o chá indiano, vem de "chá", em português. E virou a combinação de chá com leite e mil especiarias, como os indianos gostam de suas comidas, cheias de ervas, temperos e muito açúcar, e que eles tomam morno.

Os padres católicos emprestavam dinheiro e conseguiam melhores trabalhos para os indianos que aceitavam a conversão. Além disso, havia a vantagem extra de escapar da sina de uma casta, reconhecível pelo sobrenome. Assim, muitos dalits mudaram de religião e de vida quando se tornavam cristãos. A moda começou com os padres portugueses, mas logo os de língua inglesa perceberam que aquele era um bom método de trazer os indianos para perto de suas igrejas, e também adotaram o procedimento. Os dalits quase nunca têm nomes de família, até hoje, e costumam adotar para si sobrenomes como Singh e Kumar, que não revelam a casta. O costume de usar sobrenome entre os indianos é recente — começou com a invasão europeia, pouco antes de 1500.

A família de Sandip talvez nunca tenha tido outro sobrenome, o primeiro pode ter sido o dado pelo padre que os converteu. Eles continuaram morando na mesma vila, mesmo lugar onde Vanita nasceu, e não abriram mão de sua casta porque tinham orgulho dela. Vanita e Sandip são da mesma casta. A família de Vanita também se converteu ao catolicismo muitas gerações atrás, mas não mudou de sobrenome. Seus familiares trabalhavam com gado de leite e produção de derivados.

O estado de Gujarat é o maior produtor de laticínios da Índia, e Anand é a sede da maior empresa de derivados do leite, chamada Amul. O produto mais vendido é o *ghee*, uma manteiga clarificada, mais rústica, usada para cozinhar. Amul é a sigla de Anand Milk Union Limited.

O casamento de Vanita e Sandip, que eram da mesma vila, da mesma casta e não eram parentes, tinha quase tudo para ser um caso raro de casamento arranjado por amor. Como Sandip já era sozinho, só a família de Vanita tinha que aceitar o namoro, e família de noiva que não tem dote, na verdade, acaba não tendo muito o que dizer.

O problema deles foi juntar outros dois tabus para a sociedade rural da Índia. Um é o fato de Vanita ser três anos mais velha que Sandip — quando se conheceram ela tinha 22, e ele, dezenove. O segundo tabu, mais grave que o primeiro, é que os dois transaram antes do casamento, e não se esforçaram muito para disfarçar dos vizinhos. Sandip já morava sozinho, na casa onde nasceu e cresceu e onde mora com Vanita e Aarav até hoje, e Vanita passava várias tardes com ele, sem se esconder.

Na época, ela havia terminado os estudos, mas ainda não tinha conseguido o primeiro emprego, e Sandip já trabalhava na fábrica de laticínios, onde está até hoje. Como a empresa funciona 24 horas por dia, faz um rodízio de horário com seus funcionários, e Sandip, que era jovem, pegava quase sempre o turno da madrugada. Quando a família de Vanita soube do namoro, tentou impedir que os dois continuassem se encontrando. Mas ela estava apaixonada.

Romper com a família na Índia é coisa séria, cheia de consequências. Nesse país sem muita infraestrutura e política social, são as famílias que assumem o cuidado com os seus, seja qual for a natureza dos problemas. Os vizinhos são quase tão importantes quanto os familiares. O apoio vai desde ajudar a cuidar de um bebê ou uma pessoa mais velha doente até trocar receitas ou hospedar quem precisa. Se alguém necessita de dinheiro, por exemplo, pede para um primo, tio, tio-avô. Qualquer parente vale, mesmo que distante. Se não encontra o que precisa na família, apela para os vizinhos. E quem tem costuma emprestar. Faz parte da tradição. Mas isso só vale para quem segue as regras. Quem rompe com os pais rompe com a família e com a comunidade — assim, perde a rede de proteção social.

Vanita e Sandip sabiam que corriam esse risco, mas acreditaram que com o tempo a família dela ia aceitá-lo. E decidiram ir em frente, já que, para Vanita, continuar morando com os pais ficou muito difícil. Os dois fizeram um casamento simples, uma bênção na igreja da vila, seguida de uma recepção com refrigerante e salgadinhos indianos preparados por amigos de ambos, servidos na própria igreja. Da família de Sandip, só um tio que mora bem próximo da casa dele compareceu. Da dela, ninguém. Vanita não veria mais seus pais e seus irmãos.

9. Reencontro

São quase cinco horas da manhã na estrada de Ahmedabad, em direção a Anand, e uma multidão de mulheres vestidas com roupas típicas enfeitadas e cheias de brilho passa montada em dezenas, talvez centenas, de motos pelo carro do sr. Uday. É a primeira noite do Festival Navrati, uma espécie de Carnaval que acontece em outubro, dura nove noites e tem danças típicas e música das 23 horas até o sol começar a aparecer. Minha chegada mais recente à Índia, em outubro de 2015, quase dois anos depois do nascimento de Rita e Cecilia, ganha tons caleidoscópicos com o rodeio de motos e roupas coloridas.

As mulheres devem fazer parte de um grupo de dança, os sáris são iguais, com tons de azul, rosa, vermelho e dourado. Provavelmente voltam para casa, acompanhadas dos maridos ou namorados, algumas com outras amigas na garupa com a mesma roupa. Várias delas com crianças de pé na frente da moto ou bebês acomodados entre os dois adultos sentados.

Essa é uma cena comum nas ruas do país e com a qual já deixei de me chocar — crianças em motos, sem capacete, ensanduichadas entre os pais, na frente, perto do tanque de gasolina ou mesmo "de cavalinho". Mas eu ainda não as tinha visto no meio da madrugada, muito menos cercadas de tantas mulheres enfeitadas. Estou de volta para reencontrar Vanita e a dra. Nayana, mas, tendo marcado a viagem para o meio do outono indiano, não contava com dois imprevistos. Um é a temperatura, que anda variando entre 38 e 42 graus durante o dia, baixando para trinta durante a noite. Outra é minha estada ter coincidido com essa festa. Passo a semana inteira em Anand e durmo todas as noites ouvindo um som alto e estourado vindo de algum lugar perto do hotel Madhubhan, onde fiquei da primeira vez e para onde o sr. Uday me leva agora.

Sem a probabilidade de ser acordada na manhã seguinte com uma notícia urgente, como aconteceu há dois anos, programo-me para dormir o dia inteiro. Mas não é isso que acontece. Refazer essa viagem, agora com o intuito de reparar nos detalhes, ter conversas mais profundas com as pessoas e pensar em como contar a história, em vez de simplesmente viver os acontecimentos, me causa uma inquietação que só passa quando chego de volta a São Paulo, dez dias depois.

Como jornalista, aprendi a me colocar profissionalmente numa situação em que preciso sair com a melhor descrição possível dos fatos, tendo a imparcialidade como meta. Na vida, tento ter mais alegria que chateação, não irritar muito as pessoas do convívio diário e planejar minimamente bem o dia a dia. Não é fácil, mas é um jeito de me colocar no mundo, bem diferente do modo como me apresento quando preciso tirar de um encontro, ou de uma viagem, um texto escrito.

Essa volta a Anand embaralha as fronteiras pessoais e profissionais, já que o projeto de escrever este livro é o motivo de eu fazer a viagem nesse momento, e não com minhas duas filhas, quando elas tiverem curiosidade, como era o plano original, nem para buscar um terceiro bebê, como tem sido minha fantasia cada vez mais insistente. O primeiro a sofrer as consequências é o sono. Isso durante essa manhã, no resto da estada é a música que impede que eu emende as tão sonhadas oito horas necessárias, que não tenho consistentemente desde que virei mãe.

Na recepção do hotel, pergunto se o quarto 106, em que ficamos em 2013, está livre. Está. O mensageiro Sanjay leva minha única mala, pequena e bem vazia, até o mesmo quarto. Ele se lembra de mim. Minha memória também foi fiel, as coisas são como eu lembrava. A suíte é enorme, tem decoração de madeira escura e tecidos variando em tons de bege, laranja, azul-turquesa e cor de vinho. O banheiro, muito espaçoso, fica separado do quarto por uma parede de vidro do chão ao teto, com uma cortina de tecido sintético e grosso, que o hóspede abaixa se quiser privacidade. Sinto falta dos periquitos trazidos por Sandip dois anos atrás, eles emprestavam um ar mais descontraído ao lugar.

Faço a ronda dos restaurantes do hotel — café da manhã no 24seven, o *coffee shop* do dia a dia. Almoço no italiano Kouzina e janto um *nasi goreng* caprichado no Banyan Tree, o restaurante mais fino, que só abre à noite e é frequentado pela alta sociedade anandense — *nasi goreng* é o arroz frito, mas há quase tantas variações dessa receita quanto há indianos. No jantar, tenho a companhia da fotógrafa Priyanka Charria. Ela veio de Nova Delhi para acompanhar e registrar meu reencontro com o lugar onde nasceram minhas filhas e para me ajudar com a tradução nas conversas em que os interlocutores não falem inglês, como é o caso de Vanita. Eu e minha barriga de aluguel marcamos de nos encontrar na casa dela daqui a dois dias. Será a primeira vez que irei até ela, em seu ambiente. Vou ser a visita e ela, a anfitriã. Está tudo combinado com seu marido, Sandip, via mensagens de celular. Não sei o que esperar.

A primeira parada, no dia seguinte, é o consultório da dra. Nayana. Quando ela soube a data de minha chegada, disse que gostaria de me ver nessa tarde. Programei a saída para depois do almoço, na tentativa de evitar o calor forte do meio do dia. Às 15h30, chego ao centro de Anand. Ainda faz 41 graus e vai continuar assim até perto das dezoito horas, quando o sol começa a baixar.

A recepcionista da clínica me reconhece assim que boto o rosto para dentro. A sala de espera está apinhada de gente, como todas as vezes em que passei por lá, e há pessoas indo e vindo de todos os lados o tempo todo. Entre dezenas de funcionárias, futuras mães e futuras barrigas de aluguel, assim como mulheres recém-paridas e moradores das redondezas que recorrem ao lugar quando precisam ir a um médico, a clínica vive lotada. A recepção tem só alguns ventiladores, que fazem barulho, mas não dão conta de espalhar o ar quente e poeirento que vem do deserto do Thar, no Rajastão, estado vizinho de Gujarat.

"A doutora está à sua espera", me diz a recepcionista. Entro na sala dela, que me recebe com um sorriso e uma pergunta: "Já visitou a nova clínica?". A dra. Nayana está construindo um novo estabelecimento para atender ao número crescente de pacientes. A obra, financiada por ela e pelo marido, vai ter equipamentos e acomodações de última geração e juntar no mesmo espaço a clínica e a casa das grávidas. Terá até um andar com alguns quartos de hotel, para os pacientes que vierem de outros lugares do mundo e não quiserem se hospedar longe de lá, o que, ela imagina, acontecerá com as mulheres que fazem todo o início do tratamento, fase de indução e coleta de óvulos, na Índia. "Você tem de conhecer. Avise quando tiver um dia livre e mando alguém para acompanhá-la", ela insiste. Marco para o fim da semana.

A doutora está inquieta, preocupada com a possibilidade da proibição da prática de barriga de aluguel para estrangeiros e indianos não residentes no país. Sua clientela é quase 60% formada por esses dois grupos. O restante é de outros indianos, que chegam a Anand atrás do seu prestígio, ou porque leram alguma entrevista com ela, que costuma atender a todos os pedidos que recebe da imprensa. Mas há outra razão para sua ansiedade. O bolo acaba de chegar, ela me conta, temos de parar a conversa para comemorar o nascimento do bebê número 1001, que aconteceu cinco dias atrás. Ela estava esperando que Sharoa Solanki, a mulher de 34 anos que deu à luz os dois meninos, os bebês número 1000 e 1001, estivesse recuperada o suficiente da cesariana para participar da cerimônia. "Desde que os dois nasceram, já fizemos mais quatro partos, já estamos no 1005", diz.

O algarismo 1 no final do número não é apenas um acaso, só porque nasceram dois bebês depois que a contagem chegou a 999. Na Índia, números que terminam com 1 são considerados auspiciosos. Se os convidados de um casamento optam por dar dinheiro em vez de presentes aos noivos, a quantia sempre tem 1 no final. Os bebês que nasceram têm pais indianos, mas Sharoa nem sabia disso, não chegou a vê-los antes da transferência dos embriões. Essa já é a segunda vez que ela aluga sua barriga, e também teve gêmeos na gravidez anterior, outros dois meninos, para um casal da Inglaterra. Como já fez duas cesarianas, nas duas gestações de gêmeos, não pode mais ser barriga de aluguel, são as regras da clínica. Sharoa tem dois filhos, também meninos, de seis e treze anos. O pequeno também está na clínica e passou toda a gravidez na casa das grávidas, o marido e o mais velho a visitam todos os dias. Quando converso com Sharoa estão todos lá, sentados na cama em que ela descansa.

A dra. Nayana junta todas as barrigas de aluguel que estão na clínica, alguns maridos que vieram para a festa e toda a sua equipe. O grupo de mais ou menos sessenta pessoas se concentra no hall central, em volta de uma mesinha com o bolo de chocolate com cobertura branca em cima, com velas que formam o número

1001. Alguém as acende, a doutora apaga, todo mundo aplaude. Então ela pega o primeiro pedaço com a mão e oferece a Sharoa, que morde o bolo ainda na mão da médica, e retribui o gesto, corta uma fatia e dá na boca da dra. Nayana. As duas comem os dois primeiros pedaços assim, uma dando com a mão na boca da outra, e se lambuzam de chantili. Assim que elas acabam, os pedaços restantes são cortados e oferecidos. Em cinco minutos, não sobra nada e a multidão se dispersa. A médica volta ao seu consultório, tem pacientes à sua espera. "Fale com quem você quiser", diz ela, "e me avise se precisar de ajuda com as traduções".

Sandip combina com o sr. Uday que vai nos encontrar na entrada da vila onde eles moram para que não erremos o caminho. Saímos de Anand às catorze horas, faz 42 graus e decido me vestir com roupas indianas. Levei do Brasil, emprestados da amiga Patrícia Campos Mello, dois *salwar kameez* completos. É o traje mais casual e confortável, de algodão puro e sempre colorido, com três peças: túnica (*kameez*, em híndi), que pode só cobrir os quadris, ir até os joelhos ou até os pés, com manga curta ou três-quartos; calça (*salwar*) folgada e leve, comprida, que fica engruvinhada nos calcanhares; e um terceiro pano, tipo um cachecol, a *dupatta*, que se usa só segurando nos antebraços, solto nas costas, ou cobrindo o colo.

Os mais jovens usam só a túnica com *legging* cobrindo as pernas e dispensam o pano. Adoto essa prática. A roupa não chega a refrescar o corpo, mas protege do sol e é muito confortável. Passo a semana toda assim, com chinelo de dedo nos pés. No terceiro dia vou às compras para incrementar o meu guarda-roupa local com variações do tipo.

Do banco do passageiro, vejo Sandip de moto à nossa frente, de camiseta azul-turquesa, calça jeans e óculos escuros. Ele acena para nós e vai nos indicando o caminho. A vila tem ruas tortuosas e bem estreitas e as casas são feitas sem recuo, de modo que ficam muito próximas umas das outras. As construções são de alvenaria, com portas de ferro, muito simples e aparentemente antigas. O carro estilo SUV do sr. Uday segue com dificuldade a moto de Sandip, passa por uma igrejinha católica, depois por outra ainda menor, e então ele faz sinal para pararmos. Estamos na porta da casa deles.

Vanita me recebe com um sorriso, que retribuo com um abraço. Ela parece mais jovem do que dois anos atrás, está magra e bonita, com uma roupa nova e colorida. Também veste um *salwar kameez*, mas bem mais fino, feito com o mesmo tecido dos sáris, uma seda muito leve, ou um sintético bem aerado. A calça é rosa e a túnica, azul-turquesa, amarela e verde. Para os indianos, as cores significam vida, e branco e bege, a morte. São os tons do luto, que ninguém usa no dia a dia. O preto aparece mais, mas sempre misturado com cores vivas e muito brilho. Os mais ocidentalizados já começam a adotar o uniforme pálido das metrópoles, e as mulheres, o pretinho básico para festas. Mas essa moda ainda está longe de Vanita. E ela se arrumou para me receber.

A casa tem três cômodos: uma salinha com uma cama de solteiro dá para a porta principal, ligada ao quarto do casal, que por sua vez se conecta à cozinha. Uma escada leva ao andar de cima, e na beirada dela a família improvisou uma sapateira. Pergunto se o menino dorme naquele primeiro cômodo, ela diz que não, o filho sempre dormiu com eles na cama de casal. O banheiro fica perto da cozinha, mas não é ligado a casa. Essa é uma tradição bem arraigada na Índia — como o vaso sanitário é considerado algo impuro, ele quase nunca está conectado às casas mais antigas. O da Vanita tem dois compartimentos separados, com duas portas, uma para onde fica o chuveiro, a pia e o espelho, outra para a privada.

Ela faz sinal para ficarmos no quarto do casal e puxa duas cadeiras de plástico. Em uma ela mesma se senta, na outra se acomoda Priyanka, a fotógrafa. Fico em pé, esperando instruções. Sandip me alerta: sou a convidada principal, recebo o melhor lugar, a cama. Sento na beirada, ele se acomoda na cabeceira, perto dos travesseiros. Todos estão descalços, menos eu, que só reparei nisso quando o vi sentado. Peço desculpas e tiro o chinelo, imaginando que meu pé não deve estar muito mais limpo que o sapato.

Trouxe presentes para todos: um creme hidratante para Vanita, uma camiseta do time do Santos para Aarav e uma caixa de chocolate brasileiro para Sandip. Entrego as sacolas e eles as deixam de lado, não abrem na minha frente. Conto que Priyanka veio traduzir nossa conversa, mas que ela gostaria de fazer algumas fotos também. Vanita indica que posso ficar à vontade para perguntar e fotografar o que quiser.

A casa é arrumada e alegre. A cama tem colcha colorida e algumas paredes são pintadas de amarelo ou rosa. Uma foto de um indiano mais velho está pendurada do lado esquerdo, no alto, com um terço de contas amarelas e grossas, do tamanho de bolas de gude, embaixo. É o bisavô de Sandip, o primeiro dono. Essa é a casa onde ele nasceu, em que ficou sozinho depois do segundo casamento da mãe e da morte do avô, e onde Vanita e ele namoravam antes do casamento. Toda a sua vida aconteceu nesse lugar, e a dela, desde que se apaixonou por ele, nove anos atrás, também.

Sandip conta que Aarav não queria ir para a escola hoje, estava muito excitado com a visita de sua *didi*. *Didi* é como os indianos se referem às irmãs mais velhas, não tem a ver com uma pronúncia diferente do meu nome. Logo ele chega, correndo porta adentro. Está bem mais alto, faz um aceno, constrangido, e pula no colo da mãe. Ela lhe entrega a sacola com o presente, ele abre e veste na hora. Pelo jeito, abrir presentes assim que os recebe é coisa de criança. Antes, eu tinha perguntado se ele era fã de futebol e Sandip disse que sim, então levei a camiseta do Santos com o número do Neymar e o nome de Aarav colados nas costas, mas ele não reconhece nem o time nem o jogador.

Vanita oferece um café e aceito na hora, esquecendo a regra das recusas iniciais. Sou estrangeira e estou acanhada, como ela, e acredito que as duas situações são universais e cem por cento compreensíveis. Tomamos o café, forte e doce, servido em uma bandeja de metal vermelha, e o sr. Uday diz que vai nos esperar no carro. O menino também sai de casa, vai brincar na rua com sua camiseta nova. Sandip fica o tempo todo por perto, completa algumas frases da mulher e ajuda a lembrar datas e fatos.

Os dois estão em uma fase melhor da vida e fazem questão de me dizer isso. Depois que recebeu o dinheiro com a barriga de aluguel, cerca de 8 mil dólares, Vanita pagou as dívidas que tinha, guardou uma parte para os estudos de Aarav e comemorou dois Natais como nunca havia feito desde que se casou, com árvore, decoração e presentes. Em 2013, ela ainda se recuperava da gravidez e da cesariana quando chegou o final do ano, mas fez um jantar e improvisou presentes para o marido e o filho.

A grande mudança aconteceu no ano seguinte. No começo de dezembro de 2014, Vanita e Sandip foram fazer compras de Natal no centro de Anand e viram os pais dela pela primeira vez desde que ela havia saído de casa. Sua mãe telefonava de vez em quando, duas vezes por ano, escondida do pai, que não aceitava a reaproximação. Mas Vanita decidiu arriscar naquela tarde e fez contato com eles, disse que tinha saudades, queria sua família de volta. O pai ameaçou virar as costas e ir embora, mas, por insistência da mãe, acabou aceitando. O primeiro encontro depois disso aconteceu na casa deles, onde estamos agora. Desde então, convivem com o neto que não conheciam, recebem o casal para almoços e jantares, trocam receitas, oferecem ajuda. Como uma família típica indiana, são próximos e contam uns com os outros.

O celular de Vanita começa a tocar, ela atende, fala um pouco e me passa o aparelho. "É para você", me diz. É a dra. Nayana, que tinha se oferecido para mandar ao encontro uma médica de sua clínica como tradutora, mas que falava inglês pior do que Priyanka e não tinha prática nenhuma. A ligação está muito truncada e não entendo bem o que ela diz, só algumas palavras, como "mãe", "barriga de aluguel", "interação" e, no final, entendo também quando ela diz que vai mandar duas pessoas lá. Sou tomada por uma decepção, certa de que a médica não quer que o meu encontro aconteça sem uma testemunha dela. O que será que ela teme?

Começo a fazer as perguntas mais indiscretas, que tinha deixado para o final da conversa. Essa é uma técnica velha conhecida de jornalistas — se alguma coisa pode irritar o entrevistado de quem você também quer outras respostas, deixe para o fim. Se ele ficar bravo e encerrar a conversa, você ainda tem material para escrever a matéria. Eu tinha uma janela de tempo que não sabia calcular até que as duas pessoas misteriosas chegassem lá e, apesar de ainda não ter estabelecido um bom ritmo nem conseguido descontrair o ambiente, precisava entrar no que talvez fosse tão difícil para Vanita dizer quanto para mim seria ouvir.

Vanita conta que teve uma recuperação complicada depois da cesariana, talvez uma depressão pós-parto misturada aos efeitos colaterais dos hormônios que tomou para preparar e manter o corpo para a gravidez. Tirou o ano seguinte inteiro para descansar. Cuidava da casa e do filho, com a ajuda do marido, mas passava grande parte do tempo de repouso. Sentia muito cansaço e teve uma alergia na pele que provocava ressecamento e descamação. O problema persiste, mas só nos calcanhares, último lugar a ser afetado, e ela põe os pés na cama para me mostrar. A pele ainda está amarelada.

Quero saber como se cuidou, ela me diz que continuou frequentando a clínica da dra. Nayana durante todo o ano de 2014. Passou por vários médicos, fez exames, recebeu remédios, tudo de graça. Pergunto se isso fazia parte do seu acordo com a médica e ela diz que não, o acordo acabava quando ela saísse da clínica, alguns dias depois de dar à luz. Vanita se mostra muito grata à médica, Sandip também. Diz que não tinha com quem contar quando a procurou e que quando a encontrou sentiu que não precisava de mais ninguém. Acredita que só conseguiu fazer as pazes com a família porque não precisou procurá-los para pedir nada, provou que, mesmo tendo casado com um marido que eles não aprovavam, teve fibra para levar uma boa vida. O pai ainda não é fã do fato de ela ter sido barriga de aluguel, mas a mãe está em paz com a escolha da filha.

Depois de Vanita, outras sete mulheres da vila tiveram bebês de aluguel, todas indicadas por ela. Em 2013, ela disse que não faria de novo. Pergunto se ela se lembra disso e se ainda se sente da mesma forma em relação ao assunto. Ela diz que se lembra, mas não tem nem como mudar de opinião, já que Aarav também nasceu de cesariana e ela não seria mais aceita. Mas tem outro plano para ganhar dinheiro. Quer ser cuidadora em Israel.

Vanita já tentou pegar esse trabalho antes. Segundo me explica, um intermediário de uma agência de empregos israelense oferece a mulheres indianas treinamento e cursos de adaptação à nova cultura, e então, depois que elas conseguem o visto, as encaminha para Israel já com emprego certo. Tudo é pago pela interessada, que em geral acaba com uma dívida grande com a agência, quitada em parcelas quando o emprego é arrumado. Vanita passou por todo esse processo três anos atrás e estava se preparando para embarcar quando seu visto foi recusado. Contraiu a dívida e não conseguiu o emprego. Quitou-a quando recebeu o dinheiro pela gestação das minhas filhas, e a nova tentativa também foi bancada com parte desse valor.

Com a reaproximação da família, Vanita poderia deixar o filho morando na casa dos pais, onde há gente o tempo inteiro e condições financeiras melhores. O plano era embarcar assim que conseguisse o visto, e Sandip iria encontrá-la assim que ele próprio conseguisse um trabalho lá, em um ou dois anos, por meio da mesma agência. Não iria junto com a mulher porque tem emprego em Anand. Mas ganha pouco, e os dois querem fazer uma poupança enquanto são jovens e têm boa saúde.

A ideia é ficar em Israel até juntar dinheiro, então voltam para cá. Os dois estão empolgados com essa possibilidade, e fico triste quando tomo conhecimento do plano. Não sei se por ingenuidade ou por autopreservação, imaginava que a vida financeira de Vanita estivesse resolvida. Tomo coragem de fazer o que eu imaginava que fosse a última pergunta do último encontro: ela se arrepende de ter passado pela gravidez das minhas filhas? Ela não entende a pergunta, repito, Priyanka traduz de novo. Ela pergunta a Priyanka em híndi como se diz alguma coisa em inglês e a fotógrafa fala devagar, ensinando a ela, para que me diga: "Minha vida está muito melhor agora".

Duas pessoas entram pela porta dos fundos da casa de Vanita e Sandip, a que dá para a cozinha: um homem com roupas ocidentais, jeans, bota marrom e camiseta polo verde e uma mulher de sári muito enfeitado, maquiada e elegante. Estranho estarem tão arrumados, devem ser os enviados da dra. Nayana. Serão advogados? Vanita está de costas para eles, e olha para trás quando percebe que Priyanka e eu estamos com o olhar fixado na porta de sua cozinha. Os visitantes falam em híndi, não entendo e decido que não posso deixar que o que quer que esteja acontecendo prossiga sem minha interferência. Peço aos dois que falem em inglês, por favor.

Eles vêm até mim, se apresentam e pedem desculpas pela língua e pela chegada repentina. Tendo garantido os assuntos mais espinhudos, digo que só quero entender o que está acontecendo. Ela é mais gentil do que eu e fica constrangida com minha atitude. Estou em um encontro privado, gostaria de mantê-lo assim. Ela se desculpa e me explica o que faz lá.

Os dois são pesquisadores de uma produtora de cinema de Mumbai que está começando a elaborar o roteiro de um longa-metragem sobre barriga de aluguel. Essa é a segunda vez que vêm a Anand nos últimos dois meses para conversar com a dra. Nayana, e estavam com ela essa tarde quando ela comentou sobre o meu caso, uma mãe de gêmeas de quase dois anos que voltou à Índia para se reencontrar com a mulher que gerou suas filhas. Ao saberem do caso, os dois pediram para nos conhecer. Ela ligou para o celular da Vanita, pediu permissão primeiro a ela, então passou o telefone para mim para saber se eu também aceitaria que eles testemunhassem nosso encontro e desse o meu depoimento.

Eu tinha dito sim no telefonema, e a moça não estava entendendo por que eu parecia tão incomodada. Disse que poderia ir embora se eu preferisse, eu disse que não, que eles eram bem-vindos, caso Vanita estivesse de acordo em receber mais duas pessoas. Ela já estava na cozinha, pegando refrigerante para todos nós. Deve ter oferecido em outra língua.

Acho graça da reviravolta, nossa história vai ser uma das inspirações de um filme de Bollywood. A presença dos pesquisadores se prova um alívio e uma sorte, além de um grande caso para eu contar na volta. Tanto Vanita quanto eu ficamos muito mais relaxadas sendo as duas entrevistadas pelos dois. Ela fala em híndi, eu em inglês, Priyanka traduz o que eles conversam. Eles encerram em vinte minutos, já têm tudo o que queriam do encontro. Pedem uma foto de nós duas. Sugiro que seja tirada lá fora, em seguida peço para dar uma volta pela vila e saímos todos, com Aarav na frente, nos conduzindo. Cheguei a esse encontro preparada para ser surpreendida, mas não tanto.

Um mês depois, já de volta a São Paulo, pergunto a Sandip por e-mail se saiu o visto de Vanita. Talvez ela já esteja morando em Israel, cuidando de algum doente, ou de um bebê. Ele responde rápido, como é seu costume, e conta que os dois acabaram de voltar de Nova Delhi, mas vão ter que mudar os planos. O visto foi negado pela segunda vez, e eles não pretendem tentar de novo.

10. Casa das grávidas

Nessa minha segunda passagem pela Índia, encontro várias vezes com uma família no hotel, a quem reconheço do aeroporto de Dubai, por onde passamos dias atrás. Eles chegaram a Ahmedabad no mesmo voo que eu e estamos hospedados no mesmo hotel. São cinco pessoas, os outros únicos cinco ocidentais naquele voo. Um casal de cerca de quarenta anos, uma criança do tamanho da Rita e da Cecilia, uma senhora que calculo ter entre sessenta e setenta anos e outra mulher da idade deles.

Num café da manhã, nós nos apresentamos e nos surpreendemos ao perceber que nossa história é cheia de coincidências. Eles são os Horsman, canadenses e pacientes da dr. Nayana há três anos, o mesmo tempo que eu. A criança que viaja com eles é o primeiro filho, Peyton, que nasceu em 7 de outubro de 2013, pouco mais de um mês antes das minhas filhas. Estão de volta à Índia para buscar o caçula, Ryan, que nasceu no mesmo dia que o irmão mais velho, mas dois anos depois.

Mary e Derrick, os pais, chegaram sem pressa, dez dias depois do nascimento do segundo filho. "Já sabíamos que os bebês eram bem cuidados aqui, e Ryan nasceu um mês antes do programado, precisamos de tempo para nos organizar", conta o pai. As duas outras mulheres do grupo são a mãe e a irmã de Derrick, avó e tia do bebê, que vieram para ajudar a cuidar tanto dos pais quanto da criança mais velha.

Ryan foi liberado do hospital Zydus no mesmo dia em que seus pais o conheceram, e dorme e mama muito, diz a mãe. Derrick é um engenheiro, dono de seu próprio negócio, e Mary virou mãe e dona de casa em tempo integral desde o nascimento do primeiro filho. "Ninguém tem babá no Canadá. Todo mundo cuida dos filhos e da casa. Não é nada difícil, principalmente se você não tem a expectativa de que tudo esteja em ordem o tempo todo", diz Mary.

Melody e Paul Siwek, dois americanos de Houston, no Texas, também são pacientes da dra. Nayana e estão hospedados no Madhubhan. Ela tem 32 anos, ele 34. São casados há três anos e meio e sonham com uma família grande. Ele trabalha em uma empresa petrolífera internacional e foi transferido para Barein, no Oriente Médio, dois anos atrás. Estão de volta ao Texas agora, mas me contam isso para dizer que a Índia não os assusta — eles conhecem países exóticos.

Melody sabia que teria dificuldade para engravidar desde o primeiro ano de casamento. "Achei que estava grávida quando casei, mas era alarme falso." Depois do terceiro susto desse tipo, procurou um especialista em fertilidade. Passou pelo mesmo caminho que eu, em ritmo acelerado. Tomou pílulas e injeções de hormônios, fez inseminações, fertilização in vitro, mas nunca engravidou. Uma parte dos tratamentos foi feita nos Estados Unidos, outra em Barein. Agora tenta na Índia.

Chegaram à clínica da dra. Nayana depois de assistir a um documentário sobre o assunto produzido pela revista americana *Vice*. "Não parecia muito favorável à prática, mas decidimos vir até aqui para ver nós mesmos. E gostamos do que vimos", me conta Paul, pragmático.

Assisti ao documentário, feito com forte tom sensacionalista, o que não é exatamente uma novidade para quem acompanha a *Vice*, que parece ter se tornado uma das principais fontes de informação da geração ocidental de fala inglesa com menos de vinte anos. A primeira parada da reportagem é a clínica da dra. Nayana, e fica parecendo que lá os partos acontecem a cada cinco minutos. Não foi o que vi, em nenhuma das várias vezes em que estive lá. A repórter, bem jovem, também "descobre" uma recrutadora de candidatas a alugar suas barrigas, que ganharia uma comissão da clínica.

A dra. Nayana nega conhecer a recrutadora, e me disse que tem mais candidatas a barriga de aluguel do que clientes, e é por isso que existe uma fila de espera para quem decide ter um bebê. Também entrevistei cerca de trinta mulheres em diferentes fases da gravidez ou depois de terem dado à luz. Perguntei a todas como chegaram à clínica, e a resposta foi a mesma: alguém que passara pelo processo antes recomendou. Com Vanita foi assim, e ela também levou à clínica conhecidas suas depois da gravidez das minhas filhas.

No final do documentário da *Vice*, eles chegam a uma clínica em Nova Delhi em que os bebês são tratados apenas como o produto final de um negócio frio. Uma mulher chega a oferecer um recém-nascido para a repórter comprar e levar para casa na hora, se quiser. Não conheço nenhuma outra clínica, mas passei a desconfiar dos métodos jornalísticos dessa equipe depois da minha experiência contradizer o que eles afirmavam com tanta veemência.

Outra família que conheço nessa minha segunda ida, os Siwek, tem a mesma sensação que eu, de que a equipe de jornalistas que foi à Índia manipulou dados e editou o material de maneira que o que eles queriam dizer sobre o assunto ficasse claro na matéria. Como eu, os Siwek confiaram na dra. Nayana. E, comparando com os tratamentos que fizeram antes, acreditam que a médica indiana é cem por cento confiável, mas a mais ousada entre os especialistas pelos quais eles passaram. "Ela aposta todas as fichas de uma vez porque sabe que seus pacientes podem não voltar no mês seguinte", diz Melody. Eles têm mais uma semana de injeções até o dia de coletar os óvulos. Se ela conseguir um bom número, e se formarem bons embriões, pretendem usar duas barrigas de aluguel ao mesmo tempo.

Quando conto a minha história, o foco da nossa conversa muda e são eles que querem saber da minha experiência com gêmeas. Sonham com quatro filhos em duas levas de dois. Mas, se vierem quatro de uma só vez, melhor. Faço as contas e aviso que pode ser que eles tenham quatro recém-nascidos para cuidar no próximo verão indiano, quando faz até 48 graus durante o dia. Eles riem do meu alerta, acham qualquer situação mais fácil que essa espera. No fundo, não são diferentes de milhões de outros aspirantes a pais de dezenas de nacionalidades, que nesse momento fazem planos, contas e sonham com o futuro, quando seus filhos nascerem. Os métodos podem ser diversos e muitos podem considerá-los heterodoxos, mas o objetivo é o mesmo, e move a humanidade desde sempre: crescer, multiplicar-se, ser feliz.

Algumas semanas depois dessa conversa, trocamos e-mails. Eles produziram três embriões, dois deles foram colocados em uma barriga de aluguel e um em outra. Os exames de sangue deram positivo para as duas gravidezes. Os Siwek estavam esperando três bebês. Dois meses depois, mais uma reviravolta. Cada indiana estava esperando um bebê e Melody estava grávida. Eles teriam dois bebês nascidos na Índia no meio do ano e um no Texas um mês depois.

Espera é uma palavra recorrente na casa das grávidas, uma construção espaçosa em um bairro mais afastado do centro do que a clínica. Tem dois andares, com muitos quartos e várias camas de solteiro em cada um deles, todas cobertas com colchas coloridas. Uma sala grande, outra menor com uma televisão, uma cozinha aberta e outra fechada, quintal e várias varandas. Lá ficam as barrigas de aluguel durante toda a gestação. Os filhos pequenos passam a tarde na escola, mas dormem e fazem as refeições principais com as mães. Visitas são liberadas, mas só as crianças pequenas podem ficar para dormir.

Sem ter passado por uma gravidez, nem acompanhado de perto a de minhas filhas, chegar a um lugar com tantas mulheres em diferentes fases da geração de um bebê — ou mais de um — é estranho e incrível para mim, de uma maneira que não tinha sido antes de minhas filhas nascerem. Decido fazer dessa visita uma tentativa de experimentar as várias fases de uma gravidez em uma tarde. Li vários livros sobre o assunto e sei mais ou menos o que acontece mês a mês, mas nunca tinha traçado todos os passos de uma vez, como planejo fazer na casa das grávidas nessa tarde calorenta. Começo pelo começo, em busca da barriga de aluguel que esteja na fase mais inicial, aquela pela qual passei tantas vezes: tendo feito a primeira parte do tratamento, com um ou dois embriões inseridos no ventre, à espera de uma confirmação.

Assim, chego a Saroj. Ela é de uma cidade chamada Dharmaj, no estado de Gujarat. Tem 26 anos, está na casa há duas semanas e ainda não sabe se engravidou — seu primeiro exame de sangue só será feito daqui a dois dias. Ela chegou antes da transferência dos embriões, para preparar o corpo com hormônios. Não encontrou os pais biológicos e não sabe de onde eles são. Seus pais contraíram dívidas e ela precisa ajudar a pagá-las. Não precisou convencer o marido, ele estava de acordo assim que ela levantou o assunto.

Diz que até agora isso nem parece trabalho, é a coisa mais fácil que já fez na vida. "Passo os dias conversando com as outras grávidas, não preciso fazer nenhum serviço, a comida chega na hora em que tenho fome e ainda sou vista por enfermeiras ou médicas sempre que sinto alguma coisa." Alguns cheiros a incomodam, mas ela tem passado bem. Conta que em sua cidade tem bem menos amigas do que na clínica, onde vive rodeada de mulheres na mesma situação.

A situação de Saroj eu conheço e me lembro dela. Viver dias de grávida, sem certeza nenhuma, tentando examinar cada alteração no corpo, no sono e no humor em busca de pistas de um resultado ou de outro.

Com Asha, tenho bem menos experiências em comum. Ela tem 36 anos e recebeu essa manhã o terceiro exame confirmando sua gravidez, está no segundo mês. É de Vadodara, a maior cidade do estado de Gujarat depois de Ahmedabad. Essa é a primeira vez que faz uma barriga de aluguel; tem dois filhos grandes, uma menina de treze anos e um menino de doze, que ficaram com o marido, "uns cuidando dos outros", ela me diz.

O feto dentro dela está numa fase em que parece um cavalo-marinho, enrolado ao redor da coluna vertebral, com a cabeça grudada no peito. Os olhos, o nariz e a boca começam a ser formados e ele já tem pálpebras. No final desse segundo mês, vai medir cerca de três centímetros e pesar três gramas. Asha sente muito enjoo e sono, então passa as tardes zapeando entre os mais de 10 mil canais de TV. Só de exclusivos de notícias são 250, mas o que ela procura agora para assistir é um bom filme em sua língua, gujaráti. Prefere as tramas com mais romance que ação.

A sorridente Christina Christian, de 25 anos, acabou de completar o primeiro trimestre de gravidez. Ela me conta que sempre informa o nome e o sobrenome porque os dois são tão parecidos que saem como se fosse um nome só, bem comprido. Está grávida de um bebê que irá morar na Inglaterra quando nascer. Sua barriga ainda não é perceptível por baixo do sári amarelo que ela veste. Mas, lá dentro, o feto de cerca de dez centímetros e noventa gramas de peso já tem quase todos os órgãos formados. Seu rosto começa a se definir e a cabeça ainda é muito grande em relação ao resto do corpo. Os membros são curtos e não encostam na parede do útero, de maneira que Christina não sente nada quando põe a mão na barriga, só que está maior que o normal.

A comida na casa das grávidas é toda feita fora, em outra casa na rua, que tem uma cozinha enorme e duas funcionárias contratadas só para isso. Assim, o cheiro não atrapalha as mulheres no primeiro trimestre de gravidez. O cardápio segue as regras de uma nutricionista e as preferências de cada mulher. É vegetariano para as que já são vegetarianas — a grande maioria da população do país e da casa —, mas tem frango, peixe e carneiro para quem costuma comer essas carnes no dia a dia. Vanita era um desses casos, ela não é vegetariana. Carne de vaca, animal sagrado na Índia, nunca é servida.

São três refeições principais, café da manhã, almoço e jantar, mais dois lanches entre um e outro, com frutas, leite, água de coco e, vez ou outra, um docinho indiano. Todos os dias as cozinheiras mandam bolo ou biscoitos para as crianças. O estado de Gujarat é famoso pelos doces e pela enorme quantidade de açúcar das receitas. Mesmo as comidas salgadas muitas vezes levam açúcar. Além das cozinheiras, trabalham na casa das grávidas duas faxineiras e duas enfermeiras. As gestantes em geral lavam suas próprias roupas, mas podem pedir que sejam lavadas pelas faxineiras se quiserem.

Hanna tem o mesmo sobrenome de Christina, Christian. É algo comum entre os cristãos-novos cujas famílias não adotaram o nome do padre que fez a conversão. Ambas são protestantes. Não são parentes nem se conheciam, mas ficaram amigas. Até eu chegar, no entanto, nem sabiam que tinham o mesmo sobrenome. É difícil fazer Hanna prestar atenção às minhas perguntas, ela está no meio de uma roda de conversa com outras cinco mulheres, num tom de fofoca, dando risada e com a filha de cinco anos, Karen, sentada ao seu lado brincando com a cachorra da casa.

Com quase cinco meses de gravidez, está com uma barriga bem aparente, "a maior que já tive nessa fase", me diz. É sua terceira gestação, o filho mais velho tem dez anos e está com o pai, em Ahmedabad. O bebê em sua barriga vai morar nos Estados Unidos, e ela faz uma brincadeira comum no mundo todo: diz que ele vai ser jogador de futebol, pelo tanto que chuta. Pesa por volta de 330 gramas e tem o tamanho de uma mexerica.

O bebê que Kokilaben está gestando tem seis meses e meio e é de pais indianos, mas ela não sabe de que parte do país. A mãe biológica veio visitá-la duas vezes, conversaram em híndi, só sobre a gravidez. Kokilaben é da cidade de Petlad e também fala gujaráti, língua mais comum do estado; a mãe biológica, não. Pensa muito no bebê, apesar de não saber nada sobre como será a vida dele. Só que terá um irmão mais velho, de quatro anos, que também nasceu de uma barriga de aluguel. Imagina que um dia ainda poderá encontrá-lo, mas não vai reconhecê-lo. Gostaria de amamentar o bebê nos primeiros dias, mas não sabe se a mãe permitirá.

Essa foi a única gestante da casa que me pareceu triste. "Ficar grávida aos 32 anos, idade que tenho agora, foi muito diferente de quando tive meus filhos, uma menina de treze anos e um menino de dez. Eu era muito nova", conta. Ela acredita que criou um elo muito forte com esse bebê, elo esse que será cortado de uma vez quando ele nascer. Acaricia a barriga o tempo inteiro, e, como por instinto, pousa as duas mãos nos dois lados dela, como se estivesse tapando os ouvidos do bebê, quando fala sobre o nascimento como o fim do relacionamento que tem com ele.

Chandrika está de mudança hoje, vai esperar o final de sua gravidez na clínica. Está com 28 semanas de gestação, ou quase sete meses, mas como carrega gêmeos os cuidados são redobrados. Ela já foi barriga de aluguel três anos atrás, teve uma menina para um casal de americanos. Está passando pelo procedimento mais uma vez para levantar dinheiro para os estudos dos dois filhos, uma menina de onze anos e um menino de quinze. Tem 35 anos.

Os bebês dentro dela serão sul-africanos e já mostram diferenças entre si, ela diz. "Tem um que parece acompanhar minha mão com chutinhos quando toco na barriga, e o outro se mexe muito, mas não responde aos meus carinhos." E eles gostam de dormir durante o dia e ficar acordados durante a noite, conta Chandrika, que vem de uma cidade chamada Valasan, perto de Anand, e tem sofrido muito com insônia desde que entrou no terceiro trimestre, reta final da gravidez.

Quando estão quase para dar à luz, as mulheres são hospedadas no terceiro andar da clínica, bem menos espaçoso. Ficam junto com outras que se recuperam do parto, ou que ainda estão mandando leite para os bebês recém-nascidos, já sob os cuidados dos pais. São vários quartos, de vários tamanhos. Alguns individuais, outros coletivos. O clima é um pouco mais sombrio lá, já que elas estão em geral muito cansadas e passam o tempo quase todo deitadas, em contagem regressiva para retomar a própria rotina.

É o caso de Geeta, outra grávida de gêmeos, esta muito sorridente. "Só tenho mais dez dias de barriga", me diz. Está no oitavo mês e seus bebês se mudarão para os Estados Unidos depois de nascer. Os pais biológicos estão para chegar, querem acompanhar o parto. Ela não os conheceu, quando chegou de Tarapur, em Gujarat, os americanos já tinham voltado para casa.

"Estou morrendo de saudade da minha própria comida. Gostei de ser servida nos primeiros meses, mas agora quero voltar a fazer tudo eu mesma", diz. Tem dois meninos, de treze e nove anos, que ficaram com seus pais para o marido poder trabalhar. Ele vem visitá-la alguns domingos e reclama muito da ausência da mulher. "Essa é a parte boa", ela ri.

Ripka deu à luz um menino dois dias atrás, parto normal. Foi sua quarta gravidez, tem três filhos com o marido, duas meninas de treze e dez anos e um menino de três. Não viu o bebê ainda. Os pais biológicos, da África do Sul, chegaram ontem e ela não sabe se eles estão no hospital ou no hotel ao lado da clínica, onde se hospedaram das outras vezes.

Ela vem de Nadiad, cidade próxima a Anand, tem 34 anos e me diz que ser barriga de aluguel foi mais fácil do que imaginava, estava preparada mentalmente para o processo e precisava do dinheiro. Desde que teve o caçula não conseguiu mais trabalhar e tinha acumulado dívidas. Continua na clínica porque manda leite para o bebê três vezes por dia, mas não sabe nem como se chega lá. Os pais não lhe pareceram muito amigáveis quando os conheceu, no início do processo. "Ou queriam uma menina", completa, e dá uma risada, com se o que disse fosse loucura.

Tanto a casa das grávidas quanto a clínica estão de mudança. A dra. Nayana e seu marido investiram 6 milhões de dólares em uma nova construção que junta tudo, e que vou visitar na manhã seguinte. É impressionante, olhando de fora parece um shopping center de luxo. Um quadrado enorme coberto de vidros espelhados, com uma rampa imponente que leva à entrada, e fica plantado no meio de uma área vazia nos arredores da cidade.

Está em fase final de construção, a inauguração está marcada para daqui a dois meses (e não atrasou, a nova clínica foi inaugurada no meio de dezembro de 2015). Há cerca de cem pessoas trabalhando na obra, entre homens e mulheres. Algumas levam os filhos, imagino que porque não têm com quem deixá-los, e volta e meia passam correndo umas crianças peladas que me parecem pequenas demais para já saberem andar. O ambiente não é nada saudável para um bebê, imagino, está cheio de poeira, restos de madeira, pregos, martelos, ferramentas. Os móveis todos estão vindo da China, foram encomendados sob medida.

São cinco andares. No primeiro, fica a nova casa das grávidas, com uma cozinha enorme e vários quartos com oitenta camas espalhadas, todas com um tubo de oxigênio ao lado. Na parte do fundo, o andar se abre para um jardim, onde as crianças podem brincar. O cachorro da casa das grávidas antiga deve dançar nessa nova configuração, me pego pensando. O lugar se chama Akanksha Hospital & Research Institute, mas é mais do que hospital e centro de pesquisa. No andar mais alto, o quinto, há um hotel com doze suítes muito grandes, para os pacientes que vierem de fora. Com serviço de quarto, restaurante e até uma sala de ginástica.

Entre um e outro estão os consultórios, as salas de procedimentos, a ala de congelamento de óvulos, esperma e embriões. E a parte hospitalar mesmo, onde acontecem os partos e onde ficam os recém-nascidos que precisam de UTI ou simplesmente esperam por seus pais. No primeiro andar, cercando o lobby vazado, há uma lanchonete, uma loja de presentes, uma sala de orações, uma sala de ioga e o departamento financeiro.

A dra. Nayana e seu marido, Hitesh Patel, estavam contratando novos médicos quando os encontrei nessa última vez. "Só quero os melhores no meu time", me disse ela. A nova aquisição era a dra. Biraj Thakker, a pediatra do hospital Zydus que tratou de Rita e Cecilia. "Esse hospital é o meu sonho, e será o meu legado."

Isso tudo acontecia ao mesmo tempo que o governo indiano estudava proibir que estrangeiros ou indianos não residentes fossem ao país recorrer a uma barriga de aluguel. Sem eles, sem pacientes como eu, essa empreitada milionária corre o risco de virar só um shopping center.

11. "Não se preocupe com as vacas"

No mês que passamos na Índia em 2013, o primeiro da vida de Rita e Cecilia, lotei a conta do Instagram de fotos delas. Estava fascinada pelas duas, como toda mãe recente fica, e achava que essa era uma boa maneira de documentar a evolução do "projeto foie gras", como batizamos o esforço conjunto para que as duas ganhassem o peso de que precisavam para viajarmos de volta. A mudança é notável, dois bebês no semicoma dos primeiros dias, com olhos fundos sempre fechados e pele sobrando no pescoço, em poucas imagens viram duas bochechudas de pele esticada e, pelo menos uma delas, de olhos bem abertos.

Para não parecer completamente monotemática, eu incluía na rede social imagens da Índia em que vivíamos, muito reduzida e particular. Quando ia à cidade com o sr. Uday, para comprar fraldas ou leite em pó, pedia que ele parasse o carro a cada cena que julgava curiosa. Ele parava, na maior parte das vezes contrariado, como se aquele comportamento não fosse adequado a uma mãe de recém-nascidas. "Você tem que cuidar das suas filhas,

Ribeiro", ele dava um jeito de dizer um pouco depois, talvez na tentativa de que eu desistisse dos registros.

Nunca parei com as fotos, mas não consegui nenhuma imagem boa das vacas na rua. Elas frequentam os arredores e o centro de Anand em várias formações diferentes. Um grupo de quinze ou vinte, com alguns bezerros, outras prenhes e muitas "solteiras", vive junto e se esconde do sol no canteiro seco que separa os dois lados da principal avenida da cidade. Várias erram sozinhas pelas ruas, coçando a cabeça nos postes, encontrando o que comer, dormindo no asfalto ou em qualquer sombra que encontram. Pergunto ao sr. Uday se elas têm dono, e uma vez ele responde que sim, elas andam soltas porque seus donos não têm terras, mas fornecem o leite para suas famílias. Em outra ocasião, responde que não é bem assim, algumas vacas são de fazendas de leite, mas ficaram velhas e não têm mais bezerros nem produzem leite, então são abandonadas e passam a vagar atrás de comida e proteção.

Ele não gosta desse assunto, me corta sempre com a mesma frase: "*Don't worry about the cows, Ribeiro*", não se preocupe com as vacas. Com o tempo entendo que não é para eu não sentir pena das vacas, mas sim para ignorar o fato: ele se envergonha das coisas que revelam a pobreza do país. Logo na primeira vez em que o encontro, no trajeto entre o aeroporto de Ahmedabad e o hotel, ensino ao sr. Uday uma superstição de adolescência, que nem sei de onde vem. Sempre que se cruza um trilho de trem dentro do carro, todos tiram os pés do chão e encostam as mãos no teto. Ele se diverte com a ideia. Ao passarmos por um cruzamento ferroviário, repete o gesto, acompanhado da expressão "*Jesus, Jesus*", característica sua.

Eu já estava no país havia pelo menos três semanas em 2013 quando lhe pedi que me levasse a uma loja de sáris. No caminho, ele se referiu a mim diversas vezes como "Ribeiro", como me chamava sempre. Mas naquela tarde decidi provocá-lo: "Nós nos conhecemos há tanto tempo e o senhor ainda não decorou o meu nome?". "Seu nome é mulher do Sérgio. Suas filhas se chamam filhas do Sérgio", ele respondeu, em tom de brincadeira, mas muito assertivo. E me explicou que um homem, ao conhecer a família de um amigo, não se dirige a nenhum dos membros pelo nome, e sim pela relação com o amigo oficial. Quando percebe minha indignação, elucida que acontece o mesmo com as mulheres. Se eu tiver uma amiga indiana, digamos, a dra. Biraj, pediatra das bebês, e vier a conhecer o marido dela, ele será para sempre "o marido da dra. Biraj". O sr. Uday também sabe que o modelo patriarcal da sociedade indiana pode chocar os ocidentais, e com frequência adapta suas conversas de maneira que o machismo não fique tão explícito.

Ele me conta, por exemplo, que sonhava se casar com uma mulher de nome Grace. Quando conheceu a esposa, apresentada pelos pais, em casamento arranjado, ela tinha um nome típico indiano que ele prefere não me dizer, porque desde que se casou passou a tratá-la por Grace. Pergunto se ele deixaria que ela mudasse o nome dele e ele nega peremptoriamente. Mas insiste que não é por machismo, e sim porque tem um nome bonito e importante: Uday quer dizer "nascer do sol", portanto nenhum dia começa sem ele: "Até o Saddam Hussein tinha um filho chamado Uday, para você ter uma ideia".

O homem que encontrei no último desembarque em Ahmedabad é muito diferente do sr. Uday de dois anos atrás. A cabeleira vasta e preta se foi, no lugar dela apareceu um cabelo mais ralo e muito grisalho. Fico em dúvida se ele usava peruca ou se só parou de tingir. Os homens indianos pintam com frequência o cabelo e a barba. Alguns, sem dinheiro para investir em uma tintura profissional, quebram o galho com tinta de hena, extraída da planta de mesmo nome, comum na Índia. Mas a hena é vermelha, ou castanho-avermelhada, e o cabelo dos indianos costuma ser muito preto. O resultado é um monte de ruivos pelo país, que pelo menos assim disfarçam os cabelos brancos.

Entre uma viagem e outra, fiz uma pesquisa sobre os costumes indianos, me preparando para dessa vez ir à casa das pessoas, entre elas a do sr. Uday. Ele levou o Sérgio lá uma vez, por acaso, porque entre um lugar e o outro a que o levava, na enorme saga dos documentos indianos para a nossa saída, percebeu que tinha esquecido a carteira. Sérgio voltou me contando como era a casa, grande, cheia de gente e de coisas. Nessa viagem, imaginei, dou um jeito de ir até lá e ver eu mesma como ele mora, conheço a Grace, sua mulher, e seus dois filhos crescidos. Todos moravam em casa em 2013.

Mas o sr. Uday ri da primeira indireta que dou insinuando que quero ir à casa dele e na segunda deixa claro que não vai me levar lá, não seria apropriado. Tento insistir, mas ele encerra o assunto com um tom muito sério, que tem adotado com frequência dessa vez. Alguma coisa parece incomodar o sr. Uday em 2015. Diz que só está cansado, dormindo pouco. Mas não perde a piada quando erro a porta na hora de entrar no carro no estacionamento do aeroporto: "Vai dirigir, Ribeiro? Então vou atrás dormindo". Esse erro e essa brincadeira acontecem mais de uma vez, o trânsito na Índia é todo orientado pelo lado direito, o oposto do que fazemos no Brasil. E eu me confundo várias vezes.

No trajeto, ele se lembra da simpatia que lhe ensinei dois anos atrás, e gruda as mãos no teto quando cruzamos uma ferrovia. Diz que mostrou ao único outro casal de brasileiros que foi fazer tratamento com a dra. Nayana depois de mim e eles não conheciam, mas adotaram. Quando o sr. Uday prometeu que a benfeitoria seria imediata, eles suspeitaram, então ele mudou a história: pode levar dois ou três dias, os deuses estão sempre muito ocupados. Os dois passaram o resto da temporada na Índia tentando desvendar qual seria o tamanho da simpatia. "Um café de graça no restaurante é muito pouco, mas ganhar na loteria é demais. O bebê de vocês vai nascer com saúde, esse será o pequeno milagre", ele disse.

No meio do caminho, uma revelação: a presença da fotógrafa Priyanka, que chegará na manhã seguinte a Anand para me acompanhar, vinda de Nova Delhi, o preocupa. "As mulheres indianas não são como as ocidentais, Ribeiro, ainda mais as de cidade grande. Elas acham que é tudo de graça", diz. O sr. Uday teme que ela entenda que ele e seu assistente, o motorista Sanjay, estarão à disposição dela durante todo o nosso tempo lá. Tento acalmá-lo, dizendo que ele não precisa se preocupar, ela estará sempre comigo, irá aos lugares que eu for. "Eu me preocupo com tudo, Ribeiro, sou um homem", esclarece.

Ao longo da semana, o jeito doce de Priyanka desperta um instinto paternal no sr. Uday. Ele se afeiçoa a ela, e diz várias vezes que ela poderia ser sua filha, por isso quer dar os conselhos que dá para a própria filha sobre vida, carreira, relacionamento, relação com estrangeiros. Quando descobre que seu namorado é um aspirante a cineasta, se surpreende de maneira nada sutil: "Você não conseguiu achar um médico para se casar?". Depois, acaba gostando da ideia de uma fotógrafa ter um marido cineasta, mas insiste que ela espere até que ele tenha se estabelecido financeiramente antes de se casar. "Os jovens de hoje querem ser independentes, mas ainda contam com o dote das esposas", me esclarece. "As mulheres precisam aprender a se proteger."

A frase do sr. Uday me dá coragem de fazer a pergunta que não fiz quando minhas filhas nasceram: "O senhor já sabia que eu era mãe quando me pegou no aeroporto em 2013?". Ele fica sem graça e me pede que marque uma conversa com a dra. Nayana, ela é a chefe, ele só faz o que ela manda. "A vida com filhos é muito difícil, Ribeiro, você precisa guardar sua energia para o que realmente importa."

O sr. Uday levanta muito cedo todos os dias para correr ou jogar críquete com seu filho mais novo, de dezenove anos. Ele é protestante e olha os católicos com alguma pena, os muçulmanos com muita raiva e os hindus com respeito. Conta que seu pai se converteu porque os padres prometeram ajudá-lo na educação dos filhos. "Minha família não tem dinheiro, só assim eu e meus irmãos pudemos ir para a escola", conta.

Sua família é grande, são seis irmãos, e todos moram em outra cidade do estado de Gujarat, a trezentos quilômetros de Anand, onde o sr. Uday se estabeleceu há trinta anos por conta do trabalho com estrangeiros ligados à clínica da dra. Nayana. Ele tem até um escritório informal no hotel Rama. "Meus irmãos vivem pedindo para eu voltar, mas aqui eu sou importante na comunidade, todo mundo me conhece e eu gosto disso." Ultimamente, no entanto, tem pensado que talvez devesse tentar a sorte em outro lugar. Sua filha de 22 anos está na faculdade em Vadodara e sua mulher também se mudou para lá, para tomar conta da menina. Ele está morando só com o filho, que sofre com ataques epiléticos e precisa de cuidados. O casal decidiu investir tudo que tem na filha, em quem vê algum futuro.

Ele se veste como a maioria dos indianos mais ocidentalizados, com calça de tecido leve, cor escura e corte tradicional, tênis esportivo ou sandália de couro e camiseta polo ou de time de críquete. Na mão direita tem três anéis com pedras coloridas do tamanho de bolas de gude achatadas, assim como várias pulseiras, algumas de metal, outras de tecido. Na outra mão, não usa nada.

Cumpre tudo o que promete, mas seus horários são flexíveis: um encontro marcado para as quinze horas significa que acontecerá à tarde, ele pode chegar horas antes ou depois. Combina de me encontrar às dez certa manhã e chega às nove. Quando reclamo, ele diz "*no problem, no problem*", como se a questão fosse eu tê-lo deixado esperando no lobby do hotel. Irrita-se com as complicações da Índia, reclama da burocracia, da corrupção e da demora dos serviços. Parece ter a pressa e o estresse de um nova-iorquino do mercado financeiro.

Um dia, ele me pergunta se já conheço a palavra mais importante da cultura indiana, *jugaad*. Digo que não e ele me conta uma piada: numa conferência, o computador de um CEO de uma multinacional pifou, e um americano se dispôs a consertá-lo. Mas não conseguiu, então passou-o para um japonês, que também falhou. Por fim, um indiano de turbante, que estava sentado quieto num canto, perguntou se podia ver o que era possível fazer. Voltou com o laptop funcionando, e o CEO, impressionadíssimo, quis saber como ele tinha feito isso. "Foi *jugaad*", disse o indiano.

O CEO decidiu ir à Índia para encontrar o primeiro-ministro, porque queria importar a tecnologia *jugaad* para o resto do mundo. Mas o primeiro-ministro explicou que é impossível, porque, apesar de toda a Índia viver de *jugaad*, isso não pode ser ensinado. Fim da piada. Quando ele se dá conta de que não achei a menor graça no desfecho, se arrepende. "Ribeiro, você tinha que saber o significado de *jugaad* para apreciar a piada. Todo mundo ri quando eu conto." Então explica: *jugaad* é como os indianos se referem ao jeitinho, às soluções improvisadas. O sr. Uday mostra grande orgulho do *jugaad*, acredita que é a única explicação para a Índia não ser um caos ainda maior do que é.

Uma noite em que saímos atrás de uma comemoração do Festival, para que eu conheça as danças típicas, ele me pergunta se já escolhi o título do livro. "*My Two Girls*", respondo, "*Minhas duas meninas*". Ele não gosta da ideia. "Ribeiro, assim você entrega o final." Diz que um bom nome tem que evocar mistério, e dá como exemplo o título do livro de uma conhecida dele, a americana Adrienne Arieff, que também teve filhos com o auxílio de uma barriga de aluguel, na clínica da dra. Nayana: *The Sacred Thread*, algo como *O cordão sagrado*. O livro foi lançado em 2012.

O sr. Uday insiste que palavras como sonho e aventura devem estar no título, diz que vai pensar e me mandar sugestões por e-mail. Então tem uma ideia de que gosta: *O último sonho*. Em seguida, outra sugestão: *Os dois brotos*. Explico que esse tem um duplo sentido em português que pode soar jocoso, mas ele insiste que isso pode ser bom. "Não na vida, mas no título de um livro." Pergunto se ele leu o livro da conhecida e ele diz que não, já sabia o que acontecia. Digo que um livro não é só o que acontece, mas como a história é contada. "Nada é mais do que a história. E eu gosto de surpresas."

Então ele decide que vai me mostrar uma surpresa, um costume indiano que, tem certeza, não conheço. Desvia o caminho para passar por uma avenida movimentada em Ahmedabad e aponta para o acostamento: "Repare nas pessoas dormindo, Ribeiro". São dezenas de pessoas dormindo na calçada, mas em camas. Quando nota meu espanto, solta um risadão como costumava fazer sempre dois anos atrás, e pergunta: "Onde você acha que tenho dormido essas últimas noites, quando faz trinta graus?". Então me explica o processo, julgando tudo muito simples: ele pega a cama, arrasta para o meio da rua e dorme lá, ao lado dos vizinhos mais calorentos. De manhã todo mundo acorda quando fica claro, arrasta as camas para dentro de casa e toca o dia normalmente. "Isso que tem que estar no seu livro."

Prometo não deixar isso de fora, aí é ele quem fica surpreso: "Eu vou estar no seu livro?". Sim, digo, claro que sim. Então ele passa a falar com um tom diferente, mais baixo e bem pausado, como se estivesse me ditando um parágrafo.

O que mais me emociona é que Deus me deu saúde para trabalhar, assim posso servir as pessoas e sustentar minha família. Minha filha está estudando e vai se tornar alguém na vida, assim vai ter autonomia para ficar em pé com as próprias pernas. Eu e a mãe dela não queremos escolher um marido que a sustente, em vez disso estamos investindo na educação para que ela possa ter um casamento por amor. E eu tenho amigos no mundo inteiro, porque cumpro com minhas responsabilidades. É isso que me dá alegria.

Agradeço, mas estranho a ausência do filho no discurso. O tom muda na hora, acaba o ditado e volta o sr. Uday de antes, com seus conselhos para a vida salpicados com momentos surrealistas. "Jesus, Ribeiro, você estragou o meu parágrafo. Esse aí só me traz preocupação." Em seguida, pensa em mais um título, o que o deixa muito orgulhoso: "Já sei, seu livro vai se chamar *A aventura do sonho*".

Dois meses depois de voltar ao Brasil, recebo um e-mail dele com mais sugestões. "Ribeiro, o nome do seu livro será *Last Travel*, *Última viagem*. Ou *Dream of Life*, *Sonho de vida*. Veja como nos meus nomes o significado é mais profundo do que no que você escolheu. Boa sorte e cuide de suas filhas, Uday."

Chegando perto do hotel, para onde decidimos voltar depois de só encontrar festas muito pequenas, ele, ansioso, começa a se despedir de mim bem antes de chegarmos à entrada. Ainda faltam uns longos quatro quarteirões. Decido enfrentar o silêncio que se instalou entre nós com a pergunta a que ele nunca responde: "Sr. Uday, por que não me contou que minhas filhas tinham nascido quando cheguei em 2013?". Ele rebate: "Sabe, Ribeiro, informação não é assim tão importante".

12. Aptas para voar

Nove de dezembro de 2013 foi uma data quase tão importante na nossa história indiana quanto o nascimento de Rita e Cecilia, 24 dias antes. Na consulta semanal com a dra. Biraj, recebi a notícia pela qual ansiava nas noites em claro: pesando três quilos cada uma, elas estavam *fit to fly* — prontas para voar. Rita, que havia chegado 150 gramas mais leve que Cecilia, passara a irmã na última pesagem, estava com setenta gramas a mais. A marca dos três quilos era o item mais importante de uma longa lista para podermos voltar para casa.

Mudamos de hotel e de cidade no dia seguinte, quando três casamentos consecutivos iam nos expulsar do Madhubhan por uma semana. Fomos para Nadiad, uma cidade menor porém mais turística, onde Gandhi dormiu uma noite em sua Marcha do Sal, entre março e abril de 1930.

Nós nos instalamos em um chalé na frente da piscina em formato de ameba (aparentemente é moda por aqui), ao lado do prédio central do hotel Boulevard 9. A decisão foi instintiva — como estávamos de mudança, queria me sentir em uma casa, qualquer casa, e não mais em um quarto de hotel. A vida com serviço de quarto sempre tinha sido uma das minhas fantasias, e, apesar de não ter exatamente me cansado da mordomia, já estava com mais vontade de só tirar o pijama na hora do almoço do que de ter garçom me servindo no café da manhã.

Fora isso, o clima no novo hotel me pareceu mais de negócios do que de turismo, e, já que eu estava longe de casa, e sem trabalhar pelos próximos meses, queria pelo menos ter a ilusão de que a vida lembrava mais férias do que reuniões. O Madhubhan era um *ashram* afastado e rodeado de verde, o novo hotel tinha um prédio alto, bem mais urbano, perto do centro da cidade. Por isso fiz questão de que ficássemos num dos seis chalés que rodeavam a piscina, ainda que eles fossem mais apertados e menos equipados que as suítes do prédio principal.

E foi lá que demos de cara pela primeira vez com um bando de macacos. Eu já tinha visto um ou outro nos muros de Anand, macacos-prego, acho, do tamanho de gatos, e sempre sozinhos. Mas os de agora eram de outra espécie, com pelo cinza mais claro, bem maiores, do tamanho de um cachorro pastor-alemão, com bundas vermelhas saltadas. Eram uns trinta, quarenta, e nos acordavam entre cinco e seis da manhã correndo por cima do telhado do chalé.

No primeiro dia, achamos que eram pombos e saímos gritando xô, xô, na certeza de que nós dois juntos os espantaríamos. Quando vimos do que se tratava, e, sobretudo, quando eles nos viram, mudamos de ideia. Uns cinco ou seis deles, imagino que os líderes, pararam de correr e ficaram lá, em cima do nosso telhado, olhando para nós. O maior ficou de pé, com as patas da frente erguidas, e, parecendo maior ainda, deu socos no peito enquanto gritava e nos encarava.

No dia seguinte, aconteceu de novo. Nem eu nem o Sérgio queríamos assumir um para o outro o que estava acontecendo, mas estávamos apavorados. O Sérgio foi mais eficiente do que eu para elaborar o medo de maneira que ficasse impossível não reagir a ele: "E se eles roubarem uma das meninas e saírem correndo?". Eu estava pensando mais no risco de eles quebrarem uma janela para roubar comida e darmos de cara com um macaco furioso dentro do chalé. Mudamos para um quarto no andar mais alto do prédio central naquela manhã.

Acordávamos todo dia bem cedinho para ver os macacos atravessar o telhado dos chalés, indo de um lado para o outro. De vez em quando um deles voltava no fim do dia, e descia até a beira da piscina, atrás de restos de comida. Os funcionários do hotel espantavam os bichos com barulho, batendo jornal enrolado no braço das cadeiras, mas não podiam machucar e muito menos matar os macacos, que também são sagrados na Índia.

Do Brasil, chegavam pedidos de fotos específicas. Meu pai queria saber o tamanho das meninas, então pedia que as fotografássemos ao lado de objetos que ele poderia identificar, como a mão do Sérgio, ou uma peça minha de roupa. Também pedia que eu registrasse as pessoas, queria saber como eram a Vanita e o Sandip, a dra. Nayana, a dra. Biraj, o sr. Uday. A Ana, que brigou um pouco com o fato de termos mudado de ideia a respeito do nome da Rita — preferia Nina, e disse que já se referia às sobrinhas como "as ninas" —, estava preocupada em saber reconhecer uma e outra, de modo que pedia fotos das duas lado a lado, sem gorro. O Dênis tinha curiosidade com os lugares onde nos hospedávamos e pedia fotos do hotel, do Sérgio empurrando o carrinho, delas no meu colo na beira da piscina.

Tentávamos cumprir a gincana de encomendas nos intervalos em que estávamos todos acordados, mas elas não colaboravam muito — ou eu tinha que trocar uma fralda quando a foto ia ficar boa, ou a outra chorava, ou as duas choravam. Passamos a usá-las como modelos enquanto dormiam. Elas não parecem se incomodar com barulho, nem com o fato de serem carregadas de um lado para outro, embrulhadas e desembrulhadas conforme o pedido.

Minha conta no Instagram era um hit, cada foto que eu postava tinha o mesmo número de *likes* e de seguidores. E eu, que achava uma estupidez essa história de cavar aprovação nas redes sociais, essa monstruosidade moderna, me pegava checando a repercussão de cada uma. É um jeito bem estranho de se sentir querida essa história de Instagram. Jurei que chegando em casa acabaria com a conta e que minhas filhas seriam vistas por quem viesse vê-las pessoalmente.

Eu não tinha virado mãe para promover um estilo de vida, ou uma maneira de ter filhos, muito menos minhas duas meninas. Não saberia dizer por que, afinal, insisti tanto na maternidade. Por que nunca desisti de verdade, por que não inventei um jeito de viver sem filhos que me satisfizesse. Mesmo depois de elas estarem maiores, já completamente envolvida, com a vida de antes parecendo cada vez mais distante, não soube dizer.

Eu me lembro de não ter filhas com saudade. Não escolheria a versão anterior se tivesse que optar, mas ela me faz falta muitas vezes. Minha vida seria diferente daqui para a frente, mas eu continuaria a mesma pessoa. Não queria ser uma mãe que apaga todos os traços de quem já foi para apresentar uma versão limpinha, de boa moça católica, para dar exemplo para as filhas.

Nisso, eu sabia, seria muito diferente da minha mãe. Ela nunca foi tão da pá virada quanto eu, mas parou de fumar quando minha irmã entrou na adolescência, por medo de nos influenciar. Era só essa a transgressão dela. No resto todo, foi exemplar. Não me ensinou a cozinhar apesar de saber fazer isso muito bem, e isso me fez falta depois, mas agiu assim por convicção, acreditando que eu não ia precisar se tivesse uma boa educação e, por consequência, um bom lugar no mercado de trabalho.

Não deu tempo de perguntar por que ela optou por me botar numa escola Montessori na infância, ou por que fui a única que não estudou música em casa. Nem como ela me fazia dormir quando eu chorava de madrugada, ou até quantos meses ela me amamentou. Eu ia ter que aprender de outro jeito a lidar com os desafios de ter duas filhas. Torcia para ter herdado alguma coisa dela, mesmo que fosse para escolher tudo diferente. Eu só queria me sentir mais próxima dela, e me sentia cada vez mais longe. A cada novidade da minha vida, a lembrança da minha mãe ia ficando mais distante.

Começamos a deixar Rita e Cecilia dormirem sem interrompê-las para mamar. Elas passam de duas horas, intervalo que dava até aqui, mas raramente chegam a três horas entre as mamadas. Pelo menos não juntas, uma ou outra pode chegar a três horas de sono direto, mas a outra acorda antes. A rotina da livre demanda, como é chamado esse estilo de alimentação de recém-nascidos, é ainda mais pesada, porque não sou mais eu quem controla o tempo, e sim elas, então passo o dia todo checando se os olhos estão fechados ou abertos. Mas sinto uma tranquilidade que não tinha experimentado até aqui. O *fit to fly* acabou representando, sem que eu tivesse planejado, um troféu de honra ao mérito para mim. Fiz minhas duas filhas aumentarem o peso em 50% em menos de um mês. Eu, a única mãe que elas têm.

Ainda me sinto inexperiente, mas não acho mais que vou derrubar uma delas no chão, nem que vou pegar num sono tão profundo uma hora que não ouvirei o choro. Já sei como é cara de fome, cara de calor, jeito de frio e de fralda molhada. Também não anoto mais nada, e nem acho tão grave dar duas mamadeiras seguidas para uma e esquecer a outra. Elas choram de fome mais ou menos dez vezes por dia. Ainda não sei como vão ser as personalidades das minhas filhas, mas já deu para perceber que nenhuma delas vai fazer o estilo que sofre sem reclamar.

A próxima batalha é fazer com que se acostumem com a chupeta. A dica é da dra. Biraj, mas até essa mudança de hotel, quando a viagem de volta começa a parecer uma realidade pela primeira vez, eu não tinha me empenhado nisso. Como elas vão voar de avião muito novas, precisam chupar a chupeta na decolagem e na aterrissagem para amenizar a pressão nos ouvidos, que pode furar o tímpano de um recém-nascido. As duas pegam a chupeta com facilidade, mas cospem em seguida. E precisam se acostumar a ficar com a chupeta na boca, mesmo dormindo, para não termos que acordá-las à força nas subidas e nas descidas dos dois voos que temos pela frente, um deles de catorze horas.

Peço ao sr. Uday que me leve ao centro de Nadiad para procurar uma chupeta menor, quem sabe assim elas se acostumam a dormir com uma na boca. No caminho, decido parar numa loja de sáris. O sapato fica na porta e os sete atendentes da loja insistem que eu sente no chão, em cima de um lençol branco estendido, em que eles abrem os sacos plásticos e me oferecem centenas de opções. Nenhum está pronto, comprar um sári é na verdade comprar um tecido de um metro de largura por uns cinco, seis de comprimento. Na ponta dessa peça, há uma barra de uns setenta centímetros de uma cor só, para a costureira fazer um top sob medida, que as mulheres usam por baixo. O sári mesmo é o resto do pano, que elas enrolam várias vezes no corpo de um jeito que fica parecendo um vestido. A ponta é jogada sobre um dos ombros, e a barriga fica à mostra.

É uma experiência quase lisérgica se ver rodeada de panos coloridos, de várias cores berrantes, que não param de ser tirados das prateleiras e mostrados ao cliente. Compro cinco e então peço para ver uns *salwar kameez* já prontos. Aquela montanha de panos passa a ser dobrada por três homens enquanto os dois que me atendem trazem mais uma centena de opções de túnicas e calças. Compro três conjuntos, os que encontro com menos pedras brilhantes. A conta dá milhares de rupias, faço uma conversão de cabeça e a soma não chega a cem dólares, o equivalente a 280 reais na época. Levo tudo, saio com duas sacolas imensas e lotadas. Não tenho a mesma sorte na loja de artigos infantis, as chupetas que encontro são do mesmo modelo que eu já tinha visto, nenhuma menor que as que elas já têm. Não compro nenhuma.

Na chegada de volta ao hotel, encontro a loja da recepção sendo reabastecida com diversos modelos e cores de uns panos lindos e coloridos, de uma lã bem fininha, tipo *pashmina*, desses que as mulheres usam por cima de vestidos à noite. Passo mais uma boa meia hora escolhendo cores e imaginando quem ganharia qual. Para a Ana, escolho dois, um de oncinha mais ocidentalizado e um preto, bege e cor de vinho, bem indiano. Levo dez, cada um custa o equivalente a dez dólares. Para o Dênis, escolho um míni Ganesha de metal, o deus hindu de que vi imagens mais vezes nesse último mês. Ganesha é aquele com cabeça de elefante, barrigão, quatro mãos e uma presa enorme e outra quebrada. É o símbolo das soluções lógicas, o removedor de obstáculos do hinduísmo, um dos deuses mais venerados numa religião com milhões de divindades. Levo um para mim também.

Chego de volta ao nosso quarto de hotel duas horas e meia depois, escondida atrás de quatro sacolas lotadas de panos, e sem nenhuma nova chupeta, o motivo da minha escapadela. Imagino levar uma leve bronca por ter deixado as bebês para trás por tanto tempo, mas a única preocupação do Sérgio é com o tamanho da bagagem. Ele também confessa estar se sentindo aliviado e vencedor depois da consulta com a pediatra. “Agora temos mais duas pessoas, nosso limite de peso e número de malas também cresceu”, argumento. Entre as minhas falhas, a de levar malas maiores do que consigo carregar é a com que ele menos se irrita.

A legislação indiana e a brasileira, até esse momento, têm um encaixe perfeito para os casos de barriga de aluguel, é como se os dois países tivessem pensado nisso juntos, o que nunca aconteceu. A maior preocupação do governo da Índia é que Rita e Cecilia não sejam cidadãs indianas. A do governo brasileiro é que elas não tenham dupla cidadania. Legalmente, Rita e Cecilia são brasileiras, filhas minhas e do Sérgio, que por acaso nasceram em Anand, como tantos outros bebês brasileiros que nascem durante uma temporada dos pais fora do país.

Se nossa vontade fosse fingir que elas tinham saído da minha barriga, bastava não contar isso a elas. Era só inventar uma boa desculpa para ter ido a uma cidadezinha rural no interior do estado de Gujarat aos sete meses e meio de gestação. Mas, já tendo morado em tantos lugares que não São Paulo outras vezes, e com o trabalho que temos, isso seria uma história fácil de adaptar. Nunca pensamos nessa possibilidade.

Apesar de a questão legal ser simples, elas precisam de passaporte e visto para sair da Índia — documentos que só podem ser obtidos em Nova Delhi, com apoio da embaixada brasileira, que foi o tempo todo eficaz e cordial. Entre os obstáculos que um sistema tão corrupto e burocrático quanto o da Índia impõe, o que nos apresenta a maior dificuldade é fazer fotos 5 × 7 das duas com os olhos abertos, olhando para a frente, em fundo branco. Tentamos em todos os momentos, de todas as maneiras, com a câmera dos nossos celulares, as únicas que trouxemos na viagem. Da Rita temos algumas opções, mas da Cecilia não. Ela quase não abre os olhos e, quando abre, nunca fica muito tempo com eles abertos. Muito menos olhando para a frente. O fundo branco até que dá para adaptar, basta deitá-la na cama e fotografar de cima, mas o resto não acontece.

Decidimos contratar o fotógrafo indicado pelo sr. Uday, um profissional que, segundo ele, está acostumado a fazer as fotos de todos os bebês gerados pela clínica da dra. Nayana. Mas nem ele consegue na primeira tentativa. Precisa voltar no dia seguinte e espera por uma hora e meia até que a Cecilia acorde naturalmente, mame e fique encaixada no monte de travesseiros que colocamos para que ela não consiga mexer a cabeça para o lado. Eu e o Sérgio ficamos tentando chamar a atenção dela na outra ponta da cama enquanto o fotógrafo clica sem parar. Uma hora, consegue uma imagem com os olhos semiabertos. A posição empurra o pescoço para dentro da roupa e a bochecha para cima, e faz com que ela pareça um bebê imenso e gordo.

Os passaportes ficam prontos poucos dias antes da viagem de volta, e são trazidos de Nova Delhi pelo Sérgio, que viajou sozinho e acabou sendo enganado pelo despachante. O custo para obter vários carimbos em diversas repartições, tarefa aparentemente impossível de ser levada a cabo por um estrangeiro, foi pré-combinado com um contato do sr. Uday: 3 mil rupias (cerca de 110 reais).

Chegando à capital indiana, Sérgio foi informado que deveria desembolsar 30 mil, dez vezes mais do que o combinado. Como o preço ainda assim não parecia abusivo, ele fez uma retirada num caixa eletrônico, usando cartão de crédito, e pagou o que foi pedido. Quando soube do acontecido, o sr. Uday ficou furioso e garantiu que o tal despachante entregaria os papéis carimbados no dia seguinte, junto com o troco do golpe. Vieram só os papéis. Os passaportes brasileiros das duas têm validade de seis meses e um carimbo vermelho em cima dos dados pessoais em que está escrito NÃO ALFABETIZADA. Rimos ao pensar em qual é a importância dessa informação.

Entre tudo o que imaginamos fazer antes de ir embora, falta o passo mais estranho: nos despedirmos de Vanita. Marcamos um encontro em Anand com ela, Sandip e Aarav, na saída do Zydus, onde passamos para pegar os papéis com os dados dos primeiros dias de vida delas. Decidimos fazer uma foto, todos juntos, na porta do hospital, em frente a uma árvore florida, mas um segurança diz que é proibido. Então eles nos acompanham ao hotel em Nadiad, a meia hora dali, em busca de um bom cenário. Vanita, Aarav, Rita, Cecilia, Sérgio e eu nos instalamos no carro do sr. Uday; Sandip vai na moto emprestada de um amigo. Ouço a voz de Vanita pela primeira vez em muito tempo, enquanto ela conversa em híndi com o sr. Uday. No hotel, fazemos vários cliques no jardim, e então, prometendo manter contato por e-mail, nos despedimos, com abraços constrangidos e apertos de mãos entre os de sexo diferente. Vanita dá vários beijos na cabeça das bebês.

Na última noite na Índia, sexta-feira 13 de dezembro, o sr. Uday chega para nos levar ao aeroporto de Ahmedabad uma hora antes do combinado, às 22h30. Liga da recepção dizendo que preferiu se adiantar com medo de dormir, mas que não precisamos ter pressa, que sairemos na hora que quisermos. Minutos depois bate à nossa porta, agindo de modo oposto ao que havia combinado. Veste o mesmo gorro preto que usava quando foi me buscar da primeira vez, temendo o frio da madrugada.

Corremos. O carro fica entupido de coisas e de gente. Sérgio senta na frente, com as passagens e os passaportes de todos nós. Eu me acomodo no banco de trás, com as meninas no colo, cada uma enfiada em um lado do *sling*. Parecem enroladas naquele monte de pano, e lembro da primeira vez que as vi.

O sr. Uday puxa conversa, se diz preocupado com o fato de não ter visto o Sérgio fazer nenhum exercício durante o mês na Índia. Insiste: "*You have to be fit, Sérgio*". Testa-nos perguntando o que é melhor, pedalar ou andar, e então se antecipa com seu veredito: "*Bicycling is the best exercise*!". Como o Sérgio não engata nenhuma conversa, o sr. Uday improvisa, indagando sobre nosso ritual de Natal. Conta que o deles tem ceia, missa e cantoria. Para encurtar o assunto, Sérgio mente que fazemos a mesma coisa. Então o sr. Uday propõe que eles cantem juntos, e começa a entoar "Noite feliz" em híndi, com uma voz bem mais grave do que a de costume. Dorme em paz, ó, Jesus.

Na entrada do aeroporto, ele para o carro o mais perto que pode, mas ainda longe do portão principal. Saltamos no meio daquele mar de gente com os rostos colados ao vidro. Levamos nos braços a família que viemos buscar.

ESTA OBRA FOI COMPOSTA POR OSMANE GARCIA FILHO EM MINION
E IMPRESSA PELA RR DONNELLEY EM OFSETE SOBRE PAPEL PÓLEN SOFT DA
SUZANO PAPEL E CELULOSE PARA A EDITORA SCHWARCZ EM JUNHO DE 2016